U0734848

穿越万年看福建

周新华◎著

海峡出版发行集团
THE STRAITS PUBLISHING & DISTRIBUTING GROUP

福建少年儿童出版社
FUJIAN CHILDREN'S PUBLISHING HOUSE

前　言

　　福建简称"闽"，位于中国东南沿海，东临台湾海峡，素有"八山一水一分田"之称。武夷山横亘闽西北，鹫峰山—戴云山—博平岭纵贯闽中；闽江、九龙江、汀江、晋江、交溪、木兰溪等河流蜿蜒流转于群山之间，缓缓汇入大海。海岸线漫长曲折，港湾众多，岛屿星罗棋布。

　　那么，如果回溯历史，或许你会有这样的疑问：最早的福建人出现在什么时候？换句话说，在距今1万年以前的旧石器时代，福建有没有出现"人"呢？在20世纪80年代之前，这个问题很难回答。受历史、人才等因素制约，福建的考古力量一度十分薄弱，在相当长时间内，福建是全国仅剩的三个旧石器时代考古空白地区（西藏、上海、福建）之一。

　　直到20世纪90年代，经过福建博物院等机构的考古工作者的艰苦努力，福建才填补了旧石器时代考古空白。30多年来，福建陆续发现了旧石器时代早、中、晚期的遗址（地点）百余处。

不过，除了漳州北郊莲花池山、三明永安贡川黄衣垄等遗址进行过考古发掘之外，其他遗址很少真正进行过考古发掘，一般只是通过调查得到资料，没有确切的测年数据，也没有文化层信息，因而对分析福建史前人类情况还缺乏足够的说服力。

　　直到三明万寿岩被重新"发现"，才根本改观。距今 18.5 万年前的福建人的远古家园，渐渐展露在世人面前。

　　随着更多的考古发现陆续面世，人们才惊喜地发现：背山面海的八闽之地，原来早就是一块人类生活的热土！从遥远的石器时代，到后来的青铜时代，再到汉代的闽越国时期、两晋隋唐时期、宋元时期、明清时期……在每一个历史时段，勤劳、智慧而又敢想敢干的福建人，都以他们非凡的创造力完成了令后世福建人足以为之骄傲自豪的辉煌业绩。

　　于是就有了这本书。

　　你可以把它视作一本专业书籍，书中对

于"物"的解读详细而又深入，阅读过后会对文物本身有非常细致的了解。

你还可以把它看成一本别具一格的历史书，六个章节串联起福建从原始社会到明清的历史进程，每个章节又包含了若干个片段展现这片土地上的精彩过往。

新石器时代，人们的衣食住行是怎样的？

青铜时代的福建，又有哪些令人惊诧的考古发现？

汉代闽越国时期，一个足以与北方都城媲美的庞大的闽越国王城，又为何会深藏在闽北的崇山峻岭间？

两晋隋唐时期，大量中原汉人南迁入闽，他们给福建带来了哪些可喜的变化？

宋元时期，福建迎来了"高光时刻"，泉州甚至被誉为"宋元中国的世界海洋商贸中心"。这一时期的福建究竟取得了哪些辉煌的成就？

到了明清，因虎门销烟而揭开中国近代史序幕的民族英雄林则徐、"开启民智的一代宗师"严复都是福建人，他们又给中国带来了怎样的影响？

在这本书里，将由文物来讲述一段段历史。你可以看到不一样的福建：从最早发现福建人的踪迹——三明万寿岩遗址开

始，到迈向大海的
第一块踏板——平
潭壳丘头遗址群，再
到福建海洋文化的开
端——闽侯县石山遗址，然
后是跨海而来的石锛，书写着万
年"海峡故事"的南岛语族，最后到太平
洋的"归舟"去寻找遥远的原乡……

　　我们要感谢福建考古人，是他们栉风沐雨、不辞辛苦地用小手铲揭开了福建历史的迷雾。如果说，他们是摸着材料构筑未知的历史，那这本小书，则是摸着材料构筑读者能懂的历史。

　　来吧朋友，打开这本新书，让我们一起穿越万年，看看福建的过去。那辉煌而美好的过往，离我们其实并不遥远。

CONTENTS

目 录

石器时代

青铜时代

汉代闽越国时期

两晋至唐五代时期

宋元时期

明清时期

后记

八闽大地，古史久远。考古资料显示，早在距今20万年至18万年前的旧石器时代，就有古人类在此栖息繁衍。三明万寿岩船帆洞遗址发现的距今4万年至3万年的人工石铺地面，是人类通过自己的双手改善居住环境的最早案例，这说明人类在适应自然的同时已具备改造自然的能力。

　　新石器时期遍布于闽江流域、晋江流域、九龙江流域、汀江流域和广大沿海地区的古人类留下了大量活动遗迹，漳平奇和洞、平潭壳丘头、闽侯昙石山、霞浦黄瓜山等地都留存完整的历史印记。特别是新石器中期，随着生产力的发展，人类初具航海能力，开始了跨海迁徙的尝试，首先从福建沿海迁往台湾岛，继而往菲律宾群岛和南太平洋岛屿迁徙，最终形成了总人数将近3亿的南岛语族族群。

　　福建海洋文化的底色，早在遥远的石器时代已经显现。

石器时代

最早的"福建人"生活在这里

在依山傍海、有"八闽"之称的福建，最早的人类生活在哪里？

在很长一段时间内，这个问题很难回答。由于历史原因，福建的旧石器时代考古开始得比较晚，到了 20 世纪 90 年代，福建才陆续发现了百余处遗址，填补了旧时器时代考古的空白。

但大多数遗址并没有确切的测年数据和文化层信息，因此，还是无法回答在距今 1 万年以前的遥远的旧石器时代，是否出现过"福建人"这个问题。

一直到 1999 年 9 月，这一情形才被根本改观。18.5 万年前的三明万寿岩遗址横空出世，一个远古福建人的家园展露在世人面前！

万寿岩遗址位于三明市三元区岩前镇岩前村，是一座从平地上突兀地耸起的石灰岩孤峰，远远地就能看到。这里本来是三明钢铁厂的岩石开采基地，隆隆的爆破声日夜不停，山峰险遭破坏。

1999 年 9 月，考古人员来到这里调查发掘，在万寿岩半山腰的灵峰洞和山脚下的船帆洞两个洞穴里，陆续发现 2000 多件远古人类打制的石器和大量哺乳动物化石，经过测定，年代距今最近的有 3 万多年，最远的距今约 18 万年！

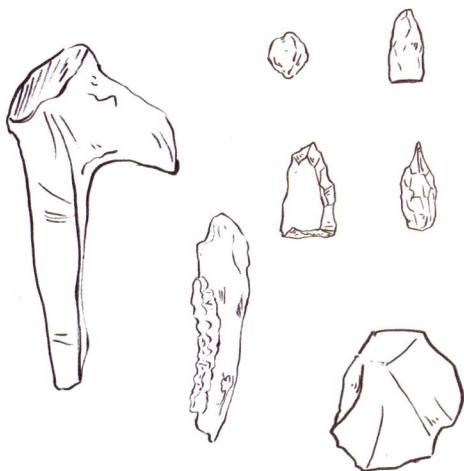

习近平就万寿岩遗址保护所作的重要批示，把万寿岩遗址从开采炸药的轰鸣声中抢救了下来。20 多年来，当地牢记嘱托，坚持不懈地致力于保护万寿岩，最终将这个福建省迄今为止发现的最早的旧石器时代洞穴遗址保护了下来，成就了"北有周口店，南有万寿岩"的一段佳话。

2000 年 1 月 1 日，时任福建省代省长习近平作出重要批示："三明市万寿岩旧石器时代洞穴遗址是我省史前考古的首次重要发现，也是国内罕见的重要史前遗存，必须认真妥善地加以保护。"

人类最早的"室内装修"工程

考古人员在万寿岩山脚下的船帆洞也发现了史前人类的遗迹。经过科学测算，这个遗址距今约 3.5 万年。也就是说，过了十几万年后，本来住在半山腰的原始人类，开始往山下搬"家"了。

在船帆洞里也出土了不少原始人类打制的石器，从种类来看，有石锤、石核、石片、刮削器、尖状器、砍砸器等，比十几万年前住在半山腰时，工具多了不少，而且加工石器的技术也进步了。

旧石器时代
盘状刮削器

更让人惊喜的发现还在后面。

考古人员竟然在洞中发现了人工石铺的地面！这一石铺地面呈不规则的"凸"字形，有 100 多平方米，是由大小不一的砾石铺成的，其中还夹有一些河滩上的鹅卵石。

溶洞里是不可能产生河滩鹅卵石的，很显然，这些石料是当时人类从外面带到洞里来的。

他们为什么要铺这样的地面呢？原来，为了抵御恶劣的气候和猛兽的侵袭，聪明的古人类把"家"搬进了船帆洞里。而船帆洞是一个溶洞，洞里的钟乳石会不断滴水。当时的人们为了让自

船帆洞里发现的如此大面积的人工石铺地面在我国尚属首次发现，消息传出后，立刻震惊了考古界。

己的住所更加舒适，不仅在洞穴一侧修凿了"U"字形排水沟槽，还从洞外找来河滩鹅卵石，有意铺设了这样的石铺地面，会让住处比较干燥、宜居一些。

这个石铺地面可以说是人类最早的"室内装修"工程！

这是远古人类为了改善自身的生存环境和居住条件，利用他们的智慧做出的了不起的事情，也可以说是人类建筑的一种萌芽形态。

福建人的"老祖宗"还是很聪明的呀！

知识链接

为什么原本住在半山腰的远古人类搬到山下来了？科学家给出了一种解释：在距今 10 万年到 2 万年间，中国大陆东南地区的气候由湿热转为干燥寒冷，陆地上大部分植被由原先的茂密森林向干旱半干旱草原发展，自然条件开始恶化。正是在这样的背景下，为了更好地生存，远古人类才想尽各种办法去适应环境，让自己生活得更好。从半山腰搬到山下来，就是一种很好的选择。

03 奇和洞遗址

北有山顶洞，南有奇和洞

差点被炸毁的遗迹

奇和洞位于龙岩市漳平市象湖镇灶头村，是一个石灰岩溶洞。谁都不会想到，在这个洞里竟然埋藏着远古的遗址。

2008 年，考古人员来这一带调查，在奇和洞里发现了一批哺乳动物化石。因为周边都是石灰岩矿区，开山采矿的爆破声隆隆，若不是有了这样的考古发现，再晚些这个洞说不定就要被炸毁、夷为平地了。

之后，考古人员先后三次对奇和洞进行了抢救性发掘，在这里发现了旧石器晚期的古人类活动面、新石器时代的居住面和大量珍贵文物。最令人惊喜的是，2011 年 1 月，考古人员还在洞内发现了一个古人类的颅骨，属于晚期智人，在学术研究上的价值很高。

考古发掘证明，这里是一处距今 17000 年至 7000 年的史前人类生存活动的居住遗址。在此之前，福建发现的最早的新石器时代遗址只有 6500 年前的平潭壳丘头遗址。奇和洞遗址的发现，一下子将福建的新石器时代文化研究往前提早了近 10000 年。

从奇和洞出土的动物化石来看，在距今 10000 多年前，这一带气候温暖湿润，原始森林茂盛，动物种类繁多。森林中黑熊出没，猕猴跳跃，中国犀、巨獏行走大地，野猪、豺、狼、虎、豹捕食，一派生机盎然的景象。

> 奇和洞遗址的发现，填补了福建乃至中国东南区域史前文化新、旧石器过渡阶段的空白。2011 年，奇和洞遗址被评为"2011 年度全国十大考古新发现"。
>
> 从此在考古圈开始流行起这样一句话："北有山顶洞，南有奇和洞。"

这是用来钓鱼的吗

奇和洞遗址的出土文物，为我们了解史前福建人类的生活场景提供了生动鲜活的证据：遗址中发现了龟甲、螺壳和鱼骨，这说明奇和洞居民存在渔猎行为，龟鳖、鱼虾和螺蚌这些"水中之肉"也是他们的盘中美食。

一枚 8000 年前的骨制鱼钩正是他们从事渔猎活动留下的遗物。

这枚鱼钩用动物骨骼磨制而成，看上去像一个大写的英文字母"J"，钩部被磨得尖尖的，可惜尾端有点残断，无法得知原先是不是有针孔可以穿线。这是奇和洞居民用来钓鱼的鱼钩吗？

骨制鱼钩

你们看，这"鱼"头呈三角形，圆圆的"鱼"眼对钻挖孔而成，"鱼"身上还刻画有象征鱼鳞的直线和折线，栩栩如生。

这件石质磨制鱼形配饰可是迄今为止福建省发现的最早的艺术品。这也说明，对美的追求是人类亘古不变的主题，早在遥远的茹毛饮血的史前时期，已经浮动美的萌芽了。

鱼形配饰

04 壳丘头遗址

向海迁徙的第一块踏板

靠海吃海的壳丘头

壳丘头遗址位于平潭平原镇南垄村。1985年，考古人员首次对遗址进行发掘，发现贝壳堆积坑21个，出土大量石器、骨器、贝器、陶器等遗物，确认这是一处史前文化遗址。

出土的石器以小型石锛为主，陶器上有用贝壳压印的贝齿纹，很有特色。经科学测定，遗址的年代距今6500年至5500年间，是福建沿海地区当时发现的年代最早的一处新石器时代遗址。

平潭地处闽江口，四面临海，与台湾隔海相望。考古人员在这里挖掘出大量的海生贝类、鱼类骨骼，说明当时的人类"靠海吃海"，捕捞是他们获取食物的主要手段。

先民们捕捞海鲜之后，用骨锥、骨匕和凹石等工具，或撬取或砸击，获取贝壳中的肉质食用，吃剩的大量贝壳被遗弃后就形成了贝丘堆积。"壳丘头"这个地名可能就是这样来的。

向大海出发

壳丘头遗址是台湾海峡西岸已发现的年代最早的新石器时代遗址之一，被誉为福建海洋文化肇始的地方。

在约6000年前，人类开始有组织、有规模地向沿海岛屿迁徙，这是人类开发海的开始。如今生活在南太平洋岛国的一些居民，被称为"南岛语族"，他们的祖先据说就来自中国的东南沿海。

而壳丘头遗址的时间点和南岛语族向海洋迁徙的时间点刚好吻合，尤其是从地理位置上看，壳丘头先民最具备向海洋迁徙的条件。因此，壳丘头遗址又有了"向海迁徙的第一块踏板"之誉。

2010 年，一场名为"寻根之旅"的海上探险活动让平潭壳丘头文化遗址进入了世界的视野。这年 7 月，6 名南岛语族后人（来自法属波利尼西亚）登上仿古独木舟，从南太平洋的大溪地启程，赴闽寻根问祖。在历时 4 个月远航 16000 海里后，他们顺利抵达平潭壳丘头文化遗址所在地。此次旅程，从反向的角度证明了从中国乘独木舟漂到南太平洋诸岛的可行性。

知识链接

　　南岛语族是指说南岛语系语言的族群，是一个海洋族群。南岛语系是世界上唯一一个主要分布在岛屿上的语系。其分布地区西起马达加斯加，东到复活节岛，北到夏威夷群岛和中国台湾，南到新西兰。世界上主要的南岛语系国家有菲律宾、印度尼西亚、波利尼西亚等。据统计，南岛语系有 1200 多种语言，使用人口约 2.7 亿。南岛语族是西方大航海时代前最伟大的航海族群，为新世界的诞生埋下了种子。

05 昙石山遗址

福建海洋文化从这里开始

海洋文化的摇篮

这里是福建省迄今为止唯一一个经过多次正式发掘的史前遗址，也是新中国成立之后福建省第一个被确立的考古学文化——"昙石山文化"的命名地。

这么多的"第一"集于一地，它究竟有着怎样的神奇之处？

这里就是昙石山遗址，位于福州市闽侯县甘蔗镇的昙石村。昙石山濒临闽江，外形似鱼形，是一座相对孤立的低缓山丘。

约70年前，村民在山上挖土修筑江堤，挖着挖着，居然发现了很多很多的白色蛤蜊壳堆积层，里面还有样式古怪的瓦罐、石器和动物骨头等。因为这个偶然的机缘，昙石山遗址被发现了。

几十年来，一代又一代的考古人员陆陆续续地对昙石山遗址进行了多达10次正式的考古发掘，先秦闽族文化的神秘面纱被慢慢揭开。它就像一本厚重的地书，无声又非常清楚地向我们讲述着在这片土地上发生过的沧海桑田的故事。

1963年，"昙石山文化"得以命名，成为我国东南沿海地区最早被认定、最具代表性的新石器时代晚期文化。新石器时期，人和自然的关系发生了重大转变，从单纯的自然寄生者逐渐转变成自然改造者，人类开始减少对自然的依赖。昙石山的先民们也在这个时期进行了极具海洋文化特色的创造。

陶釜是昙石山文化最典型、出土最多的陶器，是福建海洋文化特色的重要例证。有18件陶釜出自同一座墓中，这一方面说明了当时已有贫富分化，另一方面也说明了当时食物烹煮方式的细化，可能是昙石山人河鲜、海鲜分开煮的一个体现。这18件陶釜就相当于现在的砂锅，说明现在福州人爱喝汤的饮食文化从昙石山文化时期就开始了。

昙石山文化的时代延续比较长，从5000年前的新石器时代晚期绵延至3000年前的青铜时代。它的发现，有力地证明闽江流域是先秦闽族的发源地，是孕育和诞生福建古代海洋文化的摇篮。

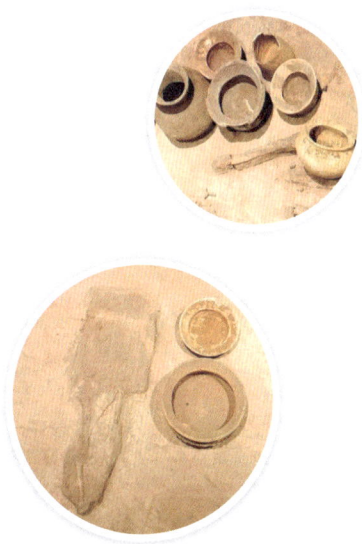

陶釜

"东方第一神灯"

在昙石山遗址中，出土过一件造型独特的陶器。

一开始，它被考古人员称为"塔式陶壶"，因为乍一看去，它的确像个小塔：上面是圆锥形的顶，中间为扁折形的器腹，下面是一个喇叭形的圈足底座。整座"塔"是用陶土塑成的，高28.6厘米，通体呈灰黑色，表面没有任何装饰。

关于这件陶器的用法，众说纷纭，莫衷一是。后来，有考古人员经过仔细观察研究，猜测它是一件陶灯。

出土时，这件陶器放在墓主人头顶，这就类似北京十三陵定陵中的"长明灯"。从考古发现来看，这是到目前为止国内发现的最早的史前人类制作的陶灯，有"中华第一灯"之誉，甚至有人称之为"东方第一神灯"！

这件"东方第一神灯"现在收藏在福建博物院，你什么时候去看看它？

～ 知识链接 ～

陶器的发明，是人类历史上一次伟大的进步。有了陶器，人类就进入了用陶器煮烹食物的时代。

最早的陶器是怎样制作出来的？一种合理的推测是，陶器的发明缘于一种生活实践。先人以竹篮、木篮之类的编结物涂泥盛水，不经意间搁于火上，后来发现篮子烧毁了，泥土却烧硬了，剩下了一个烧不烂的炊具，于是得到了一种新的经验。我国云南沧源的少数民族佤族同胞，还有台湾的高山族人，直到不久以前还在用这种泥篮的方式烧制陶器。

圆锥形的顶

扁折形的器腹

喇叭形的圈足底座

塔式陶壶

福建最早的农民在这里

稻是人类最早栽培和驯化的粮食作物之一，也是世界上最重要的粮食作物之一。当今世界，有 20 多亿的人口以稻米为主食，生活在祖国东南沿海的福建人也主要是以稻米为主食。

那你知不知道，在八闽这片土地上，最早的水稻遗存出现在哪里？

是在三明市明溪县的南山遗址。

南山遗址是福建省第一处洞穴和旷野相结合的史前文化遗存，年代距今 5800 年至 3500 年，属于新石器时代。

南山是一座相对孤立的石灰岩山体，山顶比较平缓，山腰则有好多洞穴。也许正是看中这一得天独厚的自然环境，大量南山先民聚集于此，在这里繁衍生息长达 2000 多年。

考古人员在其中一个洞穴里发掘出了大量植物遗存，经过浮选，发现这些植物遗存可分为 38 个不同的植物种类，总数达 5 万多粒。其中以水稻和粟、黍两种小米为主，还有大麦、大豆和绿豆等，甚至还有梅子、柿子、猕猴桃等可能被栽培的鲜果类植物。

《山海经》里说"闽在海中"。绵长的海岸线与山岭遍布的陆地，让福建看起来仿佛是一部"打开的山海经"。如果说闽侯昙石山遗址、平潭壳丘头遗址是福建海洋文化的代表，那明溪南山遗址则是福建内陆农耕文化的代表，它的发现填补了福建内陆地区考古学的许多空白。

在这些碳化稻谷旁，还发现了大量狗尾草和飘拂草，这些都是典型的农田杂草。它们的出现，说明这些稻谷不是通过收集或交换得到的，而是南山先民自己栽培种植的。这就充分说明，早在 5000 多年前的新石器时代，南山遗址的先民们就已经学会大量种植水稻了，福建最早的一批农民就在这里！

═ 知识链接 ═

浮选法是考古人员专门用来发现和获取埋藏在考古遗址中的碳化植物遗骸的方法。浮选法的原理实际很简单，碳化物质在干燥的情况下比一般的土壤颗粒轻，比重略小于水，因此将浮选土样放入水中，便可使碳化植物遗骸脱离土壤浮出水面进而提取之。

遗落在深山里的明珠

位于闽北地区的浦城县，素有"福建北大门"之称，自古以来就是闽浙赣三省交汇的襟喉，也是福建与江浙、中原地区联系的主要通道，地理位置极其特殊。

在这样一个三省交界之地，考古人员发现了一个特殊的史前文化遗址：牛鼻山遗址，它所呈现的别样的文化面貌，生动地诠释了浦城"福建北大门"这个兼具桥梁和桥头堡的特殊作用。

牛鼻山遗址位于南平市浦城县管厝乡党溪村，最早于1986年由考古人员进行文物普查时发现。此后经过考古发掘，确认这是一处新石器时代晚期遗址，年代距今5000年至4000年。

在这里，考古人员发现了许多与福建其他遗址出土物迥然不同的器物。比如有三只胖胖的袋状足的陶鬶（guī），这是山东龙山文化的代表性器物；又比如有着高高的喇叭状圈足的陶豆、有

一种盛酒的瓷器

三足陶鬶

古人装食物的盘子

陶豆

古人煮饭的锅子

陶鼎

着三只脚的陶鼎，它们是浙江良渚文化的典型器物。所有这一切，都很容易让人产生这样的联想：这些器物，是不是从北面传入福建的?

这样看来，就算是在遥远的四五千年前，就算是山高林密、路途迢遥，也挡不住人们友好往来的脚步呀!

地处闽北深山的牛鼻山遗址，其实是一颗遗落在深山之中的明珠。它所代表的福建面向内陆的山地文化，与以昙石山遗址为代表的海洋文化遥相呼应，共同开启了闽地"山海经"的先声。

08 大帽山遗址

藏在贝壳堆里的秘密

挖出东山岛的过去

风动石上尖底圆，状如仙桃，立于陡崖之上，狂风吹来之时，它会轻轻晃动，却又稳如磐石。"天下第一奇石"果真名不虚传！

东山岛位于福建南部沿海，是福建省第二大岛，也是中国第七大岛。东山岛上的风动石名闻天下，被誉为"天下第一奇石"。不过除了风动石，东山岛上还藏有许多史前的秘密。

这些秘密是在一堆贝壳中发现的。

1986 年 10 月的一天，漳州市东山县陈城镇大茂新村的大帽山下，村民们无意间挖掘到了厚厚的贝壳层，从而引来了世人的关注。

考古人员闻讯赶来，在暴露的贝壳层里进行搜索，采集到了不少古代文物，有石锛、箭镞、贝铲、骨制鱼钩等工具，还有不

大帽山遗址出土的石锛

少陶器碎片，以及鹿、山羊和鱼等动物遗骨。经年代测定，距今5000 年至 4300 年。

来自澎湖的石头

这是一个典型的新石器时代晚期的滨海贝丘遗址，出土的各类遗物有着浓厚的海洋文化气息。

考古人员在研究这里出土的石锛时，发现了一个秘密：经过成分分析，这些石锛的原材料大部分竟来自澎湖列岛。

澎湖列岛的石头怎么来到了东山岛？

这有理由让人们作出这样的推测：可能早在四五千年前，生活在这里的原始居民就已经掌握了相当高明的航海技术，可以自如地驾驶着独木舟出海，渡过台湾海峡，频繁地来往于两地之间！

良渚文化南迁的证据

跑来福建做客的玉锥

如果你现在去杭州参观良渚博物院，会发现它的建筑很有特色：四个不完全平行的长条形建筑，组成高低错落有序、内部相互联通的空间形态，它被称为"收藏珍宝的盒子"。

据说，这个建筑以"一把玉锥散落地面"为设计理念，而设计灵感就来自良渚文化中常见的玉锥。玉锥常在墓中出土，有时一出土就是一大把。它的外形为圆锥体，长短不一，最长的达39厘米。

而现在有意思的事情出现了：作为良渚文化典型器物的玉锥，居然在福建的古遗址里出土了，它是千里迢迢跑到福建来做客了吗？

向南搬家的证据

2003 年，考古人员在发掘三明市将乐县古镛镇的岩仔洞遗址时，除了发现陶器、石器、骨器等新石器时代晚期的遗物外，还意外地发现了几件玉锥形器。它们有的外形为圆锥体，有的呈方尖柱形。从玉的质料、色泽以及外形来分析，与浙江良渚文化的玉锥非常相似。

更耐人寻味的是，经过考古人员的研究推断，岩仔洞遗址的年代为距今 5300 年至 4300 年，跟浙江的良渚文化几乎是同期的！

曾经盛极一时的良渚文化后来渐渐衰落了。关于它的去向，过去一直说法不一，有的说它北上中原，最后融入中原文化了，也有的说它沿着浙南、闽北一路南迁，甚至最远还到达广东一带。

而岩仔洞遗址出土的这些玉锥则为"良渚文化南迁"的说法提供了一个有力的证据。

10 馒头山遗址

保存最完整的史前建筑群

数千年前的房子

生活在数千年前的史前人类，他们住的房子是什么样的？现代的人们一定会很好奇。

但遗憾的是，由于岁月久远，在考古发掘中很难发现保存完整的史前时期的房屋建筑遗迹。人们只能通过想象和推测，来复原古人居住的环境。

但是 2013 年，位于南平市光泽县崇仁乡沙坪村的馒头山遗址的发掘给了人们惊喜。考古人员在这里一次性发现了密集分布的房址 12 座，还发现了 5 处灶址、3 座陶窑和 4 个灰坑（古人扔垃圾的地方），这些都是同一时期、同一活动面上共存的遗迹单位，构成了较为完整的史前人类生活区。

9 号圆形房址

在这些遗迹中，以中间的 9 号圆形房址为中心，其余房址环绕分布。房址均由数量不等、大小不同的柱洞围合而成，从柱洞来分析，这些房址有圆形的，也有椭圆形和方形的。圆形房址直径 3 米至 5 米，方形房址边长 2 米至 4 米，其中两处房址可辨较明确的活动踩踏面，包括门道活动面及房内地表踩踏面。

在 9 号房址里还发现了位于房屋中心的灶址。将灶膛设在房屋正中，或许还有围着炉火取暖的功效呢！

馒头山遗址揭露的房址群，是福建省目前发现的共存数量最多、保存最完整的史前建筑群遗迹。其中的方形房址为福建省首次发现，属地面窝棚式建筑，这不同于以往发现的干栏式建筑，方形房址的发现丰富了福建史前建筑的类型。

11 黄瓜山遗址

少见的福建彩陶文化

山上哪儿来的贝壳

　　黄瓜山是位于宁德市霞浦县沙江镇小马村的一座小山。30多年前，小马村的村民在黄瓜山开垦荒地，常常挖出大量的贝壳。这里是相对独立的一个山包，山上又没人建房居住过，怎么会堆积了这么多海里的贝壳呢？村民们百思不得其解。

　　后来考古人员来了，在黄瓜山一带进行勘察和发掘。他们用锄头刨开覆盖的杂草，分层明显的文化堆积层清晰地展现在眼前。

　　考古队在距地表 1 米以下的土层中发现了大量的蚶、蛎、螺等贝壳，堆积层厚度从 10 厘米到 120 厘米不等。而在贝壳堆积层里，还有大量的磨制石器、陶片和兽骨，明显是古代人类生活的遗留，专家由此确定这是一处新石器时代晚期的贝丘遗址，年代在距今 4300 年至 3500 年。

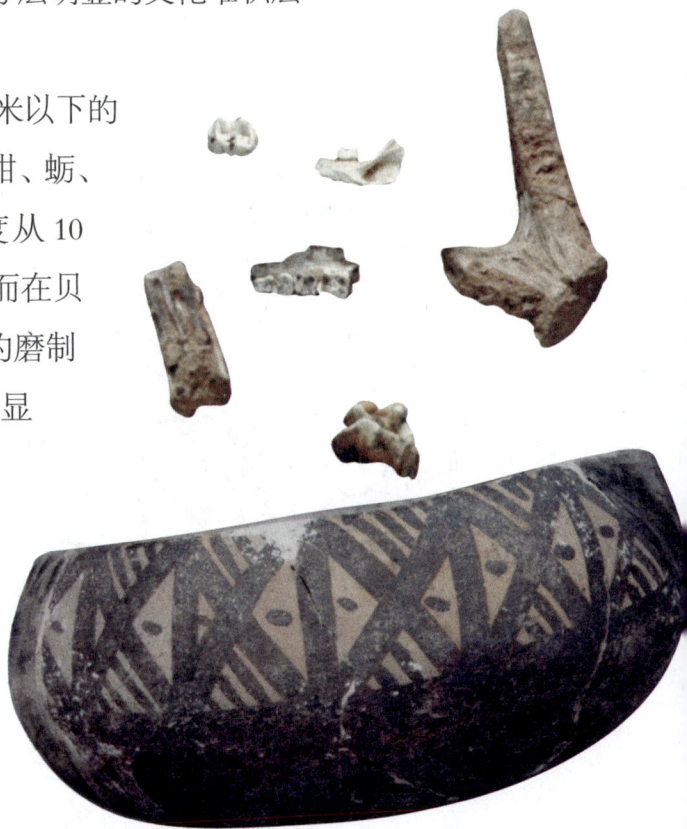

竟然有彩陶

遗址出土了许多石器、玉器、骨器、陶器等文物，其中既有日常生活用器，也有生产工具。而更让人惊喜的是里面竟然出现了彩陶！

黄瓜山遗址出土的彩陶在史前福建地区比较少见，有彩陶盆、彩陶杯等，甚至一些陶制纺轮上也绘有彩纹，纹样有折线纹、圆点纹、象征太阳光芒的直线纹等。

黄瓜山遗址是闽东地区发现的最早的一处新石器时代遗址，也是福建省保存最为完好的一处新石器晚期贝丘遗址。

新石器时代棕红色
彩绘硬陶杯

历史文献记载的夏、商、西周至春秋战国时期，经历了 1500 余年，为中国历史上的青铜时代，是华夏五千年文明的重要时段。青铜器的出现和运用，是人类智慧改变社会发展的重大成就，也是中国古代礼制世界的秩序符号。

福建进入青铜时代要晚于中原地区，但是，福建考古出土的青铜器也不容置疑地印证了这段历史的无上荣光，一改过去史学界认为的福建到汉代才得到开发、没有青铜文化的偏见。

考古人员陆续在八闽大地发现了多处青铜时代遗址，其中在建瓯发现的青铜大铙是目前国内发现的最大青铜铙之一。2006 年浦城土墩墓遗址一次出土了 72 件青铜器，是迄今为止福建发现青铜器最多的墓葬遗址。目前，福建地区发现的青铜时代遗址已达 2000 多处，遍及全省各地，采集标本数以万计。

时青
代铜

01 苦寨坑窑址

中国瓷器文明发祥地

瓷器的漫漫诞生路

英文单词China，除了有"中国"的意思之外，它的另一个意思就是"瓷器"。

中国有"瓷器之国"的美誉。晶莹剔透的瓷器，是中国古代一张耀眼的文化名片。

瓷器起源于中国，这是世界公认的。但是瓷器究竟起源于何时，学术界曾经有过争论。中国古陶瓷学界普遍认为，瓷器发明于中国南方地区，最早出现的瓷器为原始瓷器，大约发端于夏商之际，距今超过 3500 年。到了东汉中晚期，人们已经能生产出可以与近代瓷器相媲美的成熟瓷器。

这也就是说，成熟瓷器并不是一蹴而就的，在它出现之前，还有一个漫长的原始瓷器的烧造阶段。

原料的选择

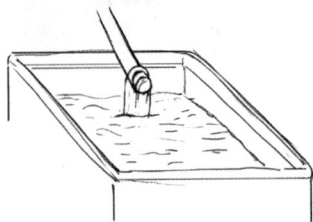
烧成技术的改进

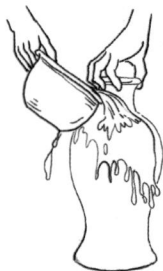
施釉

住在苦寨坑的青瓷

当人们还在为最早的原始瓷究竟在何地烧造的问题苦苦纠结时，2015 年，在泉州市永春县介福乡紫美村，当地人称"苦寨坑"的一座山坡上，有了令人震惊的发现：这个海拔 600 多米、位置偏僻的山间小盆地边缘，竟然隐藏了一处规模宏大的原始青瓷窑址群。

考古人员对苦寨坑窑址发掘之后，发现了 9 条龙窑遗迹，均依山而建。经碳 14 年代测定，窑址的年代距今 3800 年至 3400 年。这一发现，一下把中国烧制原始瓷的历史向前推进了 200 多年！

苦寨坑窑址的发现，是中国瓷器起源研究的一大突破，它把我国瓷器起源的历史往前推进到了夏代中期，意义重大，因此入选了"2016 年度全国十大考古新发现"。

知识链接

考古界把商周时期就已出现的高温施釉器物称为"原始瓷"。所谓原始，主要是相对于东汉末期的成熟青瓷，原始瓷在胎土的选择、淘洗、施釉的工艺技术等方面还存在一定的原始性。

02 猫耳山窑址

南方最早的龙窑

如龙似蛇的龙窑

我们在阅读一些古代陶瓷的书时，会经常看到"龙窑"这个词。这是个什么概念呢？

所谓"龙窑"，是一个考古术语，指古代烧制陶瓷器的窑炉的一种形式。它大多建在江南地区的山坡上，有一定的坡度，以便于升温拔烟。因为它的外形呈长条形，由下而上，如龙似蛇，所以给它取了个形象的名称叫"龙窑"。也有叫它"蛇窑""蜈蚣窑"的，也很形象。

龙窑之祖

许多研究者认为，我国南方地区商周时期广泛分布的印纹硬陶和原始瓷器是在龙窑中才能烧成的。然而，在以往考古发掘中，南方先秦时期龙窑发现数量极少，年代多在商代中晚期至西周春秋。而且已

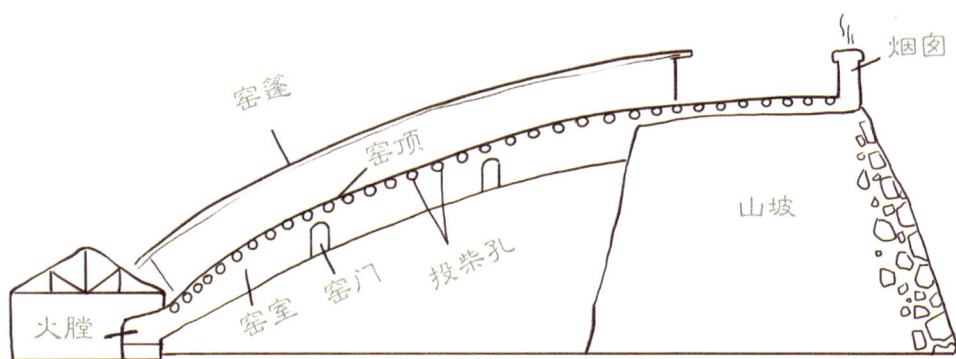

发现的大多是一些单一类型的窑炉，仅保存部分窑底痕迹，结构也看不清楚。

但考古人员在南平市浦城县仙阳镇下洋村的猫耳山窑址群中发现的龙窑，结构保存完好，同浙江上虞李家山商代龙窑相似，而且年代更早，大约在商代早期，是我国迄今为止发现的保存最完整、年代最早的龙窑，甚至有"龙窑之祖"的说法。

03 印纹硬陶锥刺纹单把杯

古代的"咖啡杯"

当你在福建博物院内看到这件器物时，会不会有这样的错觉：这不跟我们现在喝咖啡的杯子很像吗？

圆鼓鼓的杯身，底部还有一个圈（yuán）凹底的杯座，边上的把手还被做成一条小龙的样子，非常可爱。这件器物的全名叫"印纹硬陶锥刺纹单把杯"，是商代晚期的器物，距今已有 3000 多年了呢，现在可是国家一级文物。

这样一件宝贝，是在哪儿发现的呢？

1974 年，福州市闽侯县鸿尾乡石佛头村鸿尾中学校园内开辟操场，在挖土时发现了古代的墓葬。考古人员来清理之后，确定是商代晚期的竖穴土坑墓，共有 19 座，出土了一批富有特色的几何印纹硬陶器。这件锥刺纹单把杯就出于其中。

这件器物通高 11.2 厘米，口径 10.9 厘米，底径 13.5 厘米。它的装饰很有特点，杯身用硬物锥刺的方法，阴刻有双线勾连回形纹。这种纹样看上去类似蛇的盘曲状，又和中原铜器上的窃曲纹有些相似。

文献上记载，古代福建的闽族对蛇非常崇拜，有以蛇为图腾的习俗（"闽"字的里面有个"虫"字，其实是蛇的象征）。这件陶杯上的蛇样纹饰是不是跟这种习俗也有关联？这很值得深入探讨。

—————— 10.9 厘米 ——————

11.2 厘米

—————— 13.5 厘米 ——————

印纹硬陶锥刺纹
单把杯

—— 知识链接 ——

　　印纹陶是指古代一种在器物表面压印几何纹作装饰的陶器，也称为几何印纹陶器。印纹陶始见于我国南方新石器时代晚期，在商周时期得到较大的发展。根据烧成温度的不同，又分为印纹软陶和印纹硬陶两种。

神秘的浮滨文化遗物

大小排队的石锛

这套 12 件石锛 1985 年出土于泉州市南安县水头乡红福村赤坑石窟山，大小成套，十分罕见。

锛是磨制石器的一种，长方形，单面刃，有的石锛上端有"段"（即磨去一块），称"有段石锛"。石锛装上木柄，可以用来砍伐、刨土，是新石器时代和青铜器时代主要的生产工具。

这一组石锛以青灰岩制成，形状扁平近长方体，有的作弓背状。通体磨光，规整美观。大多为凹弧刃，其中 4 件刃面内凹尤其明显，也有个别是平刃。它们普遍长 16.8 厘米—32.6 厘米，宽 5.6 厘米—12 厘米，厚 1 厘米—2.4 厘米。

商磨光弧刃石锛

据考证，它们应该属于商周时期我国粤东、闽南地区富有特色的青铜文化——浮滨文化的遗物。

古墓里的穿孔石戈

2000年下半年，考古人员在漳州市龙文区朝阳镇樟山村虎林山发掘了一座商代古墓，出土青铜器、玉器、石器、陶器等文物284件。

这件穿孔石戈就是出土文物中的一件精品，它以粉砂岩为材磨制而成，长19.1厘米。

在冷兵器时代，戈是一种神秘的武器。它一般为平头，横刃前锋，垂直装柄，具有击刺、勾啄等多种功能。端首处有横向伸出的短刃，刃锋向内，可横击，又可用于勾杀；外刃可以推杵，而前锋用来啄击对方。

戈盛行于商周时期，一般多以青铜铸造，偶见玉石磨制的戈。戈和干（盾）是商周时期士兵的标准装备，因此"干戈"一词就成为战争的别称或各种兵器的统称。汉字中"战""戎"等字偏旁都为"戈"，即渊源于此。

青铜时代穿孔石戈

知识链接

浮滨文化最早发现于广东省潮州市饶平县浮滨塔仔金山，广泛分布于粤东、闽南地区，以长颈大口尊、圈足折腹豆、带流壶等为陶器组合（陶器多施褐色釉），多见直内戈、三角矛、凹刃锛等石器，见少量小型青铜器，是闽粤地区受到商文化强烈影响的早期青铜文化。

一次性发现数量最多的铜器群

历史文献上记载的夏商周时期，历经 1500 多年，被称为中国历史上的青铜时代。这一时期最重要的文明成果之一就是青铜器的铸造，青铜器不仅仅是人类用智慧改变社会发展的重大成就，也是中国古代礼制世界的秩序符号。

在很长一段时间里，青铜器一直被认为是中原文明所独有的，偏处东南海滨的福建一直被视为没有青铜文明的"蛮夷之地"，这甚至一度成为史学界的定论。

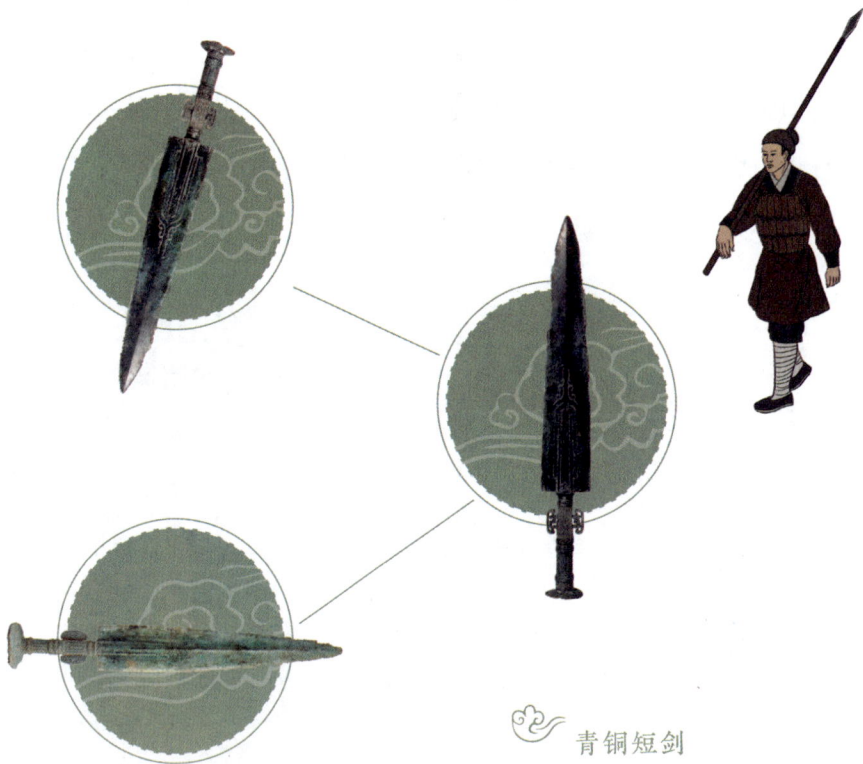

青铜短剑

不过，随着后来青铜制品陆续在福建境内考古出土，福建"先秦无史"的偏见自然而然地就被打破了。

这其中，最重要的发现是在南平市浦城县仙阳镇管九村。考古人员在这里发现的土墩墓中，一次性发掘出72件青铜器。这是福建省一次性发现数量最多的铜器群。

这些青铜器中，兵器居多，器形有剑、戈、矛、箭镞、刮刀等，以短剑、矛为主。

根据出土器物的考古学断代研究，它们的年代始于夏商，止于春秋，恰好弥补了福建地区考古学时代序列中夏商周时期的缺环，而且还把福建文明史向前推了1000多年。这一考古发现也因此被列入"2006年度全国十大考古新发现"。

≈ 知识链接 ≈

土墩墓是南方一种独有的埋葬方式，在20世纪50年代就被发现，但长期无人认识。直到20世纪70年代，南京博物院在苏南地区考古中发现它是一种特殊的葬俗，根据墓葬形态、结构而定名为"土墩墓"。土墩墓出土物以印纹硬陶、原始瓷和青铜器为主。

06 西周越氏青铜短剑

吴钩越剑入闽来

忙忙碌碌造兵器

距今 2500 多年前的春秋战国时期，列国争雄，群雄逐鹿，烽烟四起。因为战争的需要，当时的兵器铸造业也呈现出空前的繁荣状态。

地处长江下游的吴国和越国，因为常年争霸，干戈不休，青铜兵器的铸造技术更是远超中原地区。据文献记载，当时吴、越铸造的青铜兵器，坚韧、锐利，威震天下，"吴戈越剑"也因此美名流传千古。

> 汉晋以来，文人墨客对吴越兵器多有吟颂赞美，如唐代诗人李贺就在诗中吟颂道："男儿何不带吴钩，收取关山五十州！"

完好无损的青铜剑

在浦城县管九村土墩墓中出土的青铜兵器中，就有 10 柄越式青铜剑。其中一柄剑全长约 35 厘米，柄两边各有一耳，剑身和剑柄处雕刻有精美的云纹、云雷纹和曲尺纹等，镂空、透雕工艺十分精湛。

与一同出土的青铜矛对比，青铜剑的工艺及用料明显高出一筹。出土时青铜矛已腐蚀生锈，青铜剑却完好无损，剑上纹路仍然清晰可辨。虽然已在地下深埋 2500 多年，剑刃仍然十分锋利。

干将莫邪的传说

春秋时期，吴国有一对善于铸剑的夫妻，名叫干将、莫邪，他们所铸之剑锋利无比。楚王知道了，就命令干将莫邪夫妻为他铸宝剑。

干将和莫邪奉命为楚王铸成两把宝剑，一把剑叫干将，一把剑叫莫邪。由于深知楚王性格残暴，干将在把莫邪剑献给楚王之前，提前把干将剑交给妻子，嘱咐她把剑传给儿子。后来干将被楚王杀死。他的儿子成年之后，成功完成父亲遗愿，用干将剑杀死楚王，为父亲报仇。

西周越式青铜短剑

镇院之宝

铜锈斑斓的大"宝贝"

你知道福建博物院的"镇院之宝"是哪一件文物吗？

它叫"西周云纹青铜大铙"！

1978 年，有人在当时的建瓯县（今建瓯市）阳泽村里挖地，不曾想挖出一件铜锈斑斓的大"宝贝"，就是这件青铜大铙。它有 76.8 厘米高，重量更是令人咋舌，超过了 100 千克！

这不仅是福建迄今为止出土的最大的青铜器，在国内也是比较罕见的。这样的"庞然大物"，成为福建博物院的"镇院之宝"，也就一点也不让人感到意外了。

这件大铙造型浑厚，通体锈色翠绿，整件器物稳重古朴。器身铸有云雷纹与兽面纹，纹饰精美。从花纹风格判断，它应该是西周时期（公元前 1046—前 771 年）的遗物。

西周云纹青铜大铙

铙要怎么用

你可能会问，这样大的青铜铙是做什么用的呢？

它其实是古代的一种军乐器，是打仗准备退兵时，敲击起来通知大家撤退用的。古代文献中曾有"击鼓出兵，鸣金收兵"的记载，说的就是这回事。

从它外表的花纹或铭文的方向来看，铙在使用时，是柄朝下，口朝上的。如果是小一点的铙，可以像铃铛一样拿在手上敲击。不过像这件云纹青铜大铙，体形这样庞大，那就只能放在座上敲打了。

雕塑母模　　制泥范　　外范

削薄母模成内范

合范　　浇注

打磨　　打掉内外范

===== 知识链接 =====

西周云纹青铜大铙是用双范合铸的方法铸成的（范铸法也叫模铸法）。它先以泥制成模，雕刻各种图案、铭文，等阴干后再经烧制，使其成为母模。然后再以母模制泥范，同样阴干后烧制成陶范。将两块陶范合成一起，形成中空的腔体。然后熔化青铜合金，将合金熔液浇注入陶范范腔内。等青铜合金熔液冷却成形后，再将外面的泥范打掉，现经过清理、打磨、加工，一件精美的青铜器就铸成了。

08 商代陶尊 · 黑衣深腹陶豆

"尊""豆"很有意思

最大的闽南陶尊

陶尊

20世纪80年代起,在闽南九龙江流域的漳州地区,陆续发现一些先秦时期的文化遗址,从出土物的特征看,与浮滨文化相似,故被确认为浮滨文化遗址。

其中在漳州芗城遗址曾出土一件商代陶尊,胎体厚重,造型为折沿外翻,腹部饰有条纹。因其口大最具特点,被称为"大口尊"。该陶尊高达60厘米,为迄今发现的最大的闽南陶尊。它可以用来贮藏粮食,也可作为祭祀礼器。该陶尊现藏于福建博物院。

现代人可能想不到,如今表示"地位或辈分高"以及"敬重"意义的"尊",在古代也是一种器物的名称。它是由圈足罐发展而来的,或许是因为它的圈足与喇叭口高度、形制完全对应,整器显得规范、端庄而威严,所以后来才会引申出表示"尊严""尊敬"之类的含义。

有趣的"豆"

青铜时代黑衣深腹硬陶豆，是从漳州市虎林山的一座古代墓葬中被挖掘出来的，现藏于漳州市博物馆，被认定为国家一级文物。

这个硬陶豆很有意思。"豆"这个字我们常见，是现代人对双子叶植物中豆科的统称，没料到在古代是一种器物的名称。陶豆在新石器时期就已经出现，它一般由豆把和豆盘组成，高挑的豆把承托上面的豆盘，食物搁置在豆盘中。

青铜时代
黑衣深腹陶豆

其实，"豆"这个字就是个象形字。如果找出甲骨文和金文中的"豆"字，你来对照一下，是不是跟陶豆非常像？

甲骨文

金文

差点被毁的国宝

堆满"怪"陶器的大窟窿

福建博物院内收藏有一件黄土仑遗址出土的商代印云雷纹硬陶鬶（guī）形壶，现为国家一级文物。但是你知道吗？这是一件差点被毁的国宝，好悬啊！

1974年，福州市闽侯县鸿尾公社石佛头村鸿尾中学扩建操场，在一座40米高、名为黄土仑的小土山上，施工人员突然惊叫起来："快来看，这是什么东西？"

大家凑拢来看，看到地上挖出的一个大窟窿里，堆满了陶器，造型奇奇怪怪，色泽五彩斑斓，有的上面还画着诡异的图案。

围观的人们并没有意识到这些是珍贵的古代文物，诡异的图案让他们误以为这是晦气的东西，竟然把陶器抱出来狠狠摔在地上砸碎。

幸亏这时有一位中学历史老师赶来，制止了人们的破坏行动。要不然，这些宝贝就这样毁了。

随后的几年里，考古人员陆续从黄土仑山上挖掘出十几座商周时期的土坑墓，出土了不少精美的商周时期印纹硬陶器。这件印有云雷纹的硬陶鬶形器就是其中的代表作。

等待被揭开的秘密

鬶形壶的造型很有特点，看上去像一个酒壶，口部有个鬶形的流（就是用来倒酒的口子），口沿和肩部之间有一个宽带状的鋬（pàn）（就是壶的把手），底下还有一个呈浅喇叭状的圈足，这样壶就显得规整稳重，可以摆放得非常稳当了，设计得非常巧妙。

在壶的肩腹部位，拍印有云雷纹，纹样如同浮雕一样凸现，非常好看。云雷纹是中原地区商周时期青铜器上的常见纹饰，怎么也出现在了位于东南沿海、距离中原路途遥远的福建境内出土的硬陶器上？

或许，已出土的文物们正无声地透露着那段岁月里的秘密，当时的闽人和中原地区的人们可能也存在着文化交流。

流

鋬

圈足

商印云雷纹
硬陶鬶形壶

━━ 知识链接 ━━

云雷纹是商周青铜器出现频率很高的一种装饰纹样，图案呈圆弧形卷曲或方折的回旋线条，圆弧形的也单称云纹，方形的称雷纹，云雷纹是两者的统称。青铜器上的云雷纹是用泥范铸出来的，而同时期仿铜器风格的印纹硬陶器上的云雷纹则是用陶拍拍印出来的，制作方式不同，呈现出的纹样艺术风格也有区别。

10 武夷山崖墓群

神奇的悬棺葬

有着碧水丹山、九曲三十六峰的武夷山美景闻名天下，它不仅自然风光优美，还有着非常厚重的人文内涵。神奇的武夷山悬棺葬就是其中令人津津乐道的文化古迹之一。

当人们来到武夷山旅游，或是攀上天游峰，朝对面的山崖望去，或是乘坐竹筏沿九曲溪顺流而下，仰头眺望两岸的奇峰秀岩，经常会看到这样的奇景：在高高的崖壁上，竟然搁置着不少棺木！

这些棺木看起来就非常古老，一定是经历了相当长的历史岁月了。这是谁放上去的？他们是怎么将它放上去的？把棺木搁置在这样高的崖壁上，又有着怎样特殊的寓意呢？

这是古代一种特殊的埋葬先人的墓地，叫作崖墓。顾名思义，就是把坟墓建在人迹罕至的悬岩绝壁之上，临溪水或地面的高度在 20 米至 50 米不等。

放置棺木的方法也有好几种，一种是利用悬崖上的自然洞穴放置，一种是在岩石间的自然裂隙或互相邻近的两个断崖之间架设板块，置棺木于其上。

远远望去，或隐或现，疑是"仙人葬处"，故又有"仙人屋"的说法。又因它们可望而不可及，突出悬置半空的特点，也称为悬棺葬。

从崖墓的棺木中保存的陶罐等文物分析，这些崖墓建立在春秋战国时期，距今已有两三千年了。

白岩崖洞墓出土
龟型木盘

福建博物院的考古人员曾经对武夷山的一座崖墓做过调查发掘。他们在有崖墓的山顶上系好绳索，然后考古人员抓着绳索从山顶顺溜而下，进入洞中。

也正是这次考察，给了考古人员一个启发，会不会古代的人也是用这种方法把棺木安放到悬崖峭壁上面去的呢？

知识链接

悬棺葬，这种葬俗主要流行在南方地区，像四川盆地、长江三峡地区、江西的龙虎山都有这种类似武夷山的崖墓。

武夷山崖墓里的木棺，形似江南乌蓬船，也称架壑船、仙橹、仙舟等。它分底、盖两部分，用整根木头刳成，上下套合，前高而宽，后低而窄，两头翘起如同船形，一般长3米至5米。

汉高帝五年（公元前 202 年），无诸受封闽越王，建立闽越国，统治福建地区。这一时期的遗址主要分布在闽侯、浦城、建瓯、建阳以及闽南、闽西地区，最重要的发现在闽北地区和福州。

福州市内曾零星出土闽越国时代的陶器，地铁屏山站遗址发现了西汉时期建筑遗迹，推测该处应是闽越国都城"冶城"的宫殿建筑遗存。武夷山（崇安）的城村汉城遗址则是保存较完整的古代城邑遗址，应该兴建于闽越国封国之后，废弃于闽越国灭国之后（公元前 110 年）。城邑因地制宜，依山而建，有外郭、城墙、护城壕沟、宫殿建筑、官署建筑、祭祀建筑、手工业作坊等。

闽越国时期制铁业十分发达，遗址中出土大量铁器，广泛应用于生产和生活的方方面面，铁器的普及是闽越国文化的一个重要特征。

汉代闽越国时期

中国的"庞贝古城"

藏在山中的古城

1999年武夷山申报世界遗产时，联合国教科文组织考察专家对城村汉城遗址实地考察后，对城村汉城遗址赞不绝口，称它是"中国的庞贝古城"，是"环太平洋地区保存最完好的汉代王城遗址。"

城村汉城遗址为什么有这样大的魅力，会让联合国专家给予这样高的评价？

城村汉城过去又叫崇安汉城（武夷山市旧名崇安县），位于今南平市武夷山市兴田镇城村。事实上，当你来到武夷山下的城村汉城遗址探访时，你确实会感受到一种巨大的震撼：你想象不到，在闽北的崇山峻岭间，竟然深藏着一座规模巨大的汉代古城遗址！

江南汉代考古第一城

经过 60 多年不间断的考古勘探与发掘，这座西汉时期由闽越王无诸建造的王城遗址终于一点点揭开了它神秘的面纱。

城址枕山抱水，跨越 3 座连绵小丘，依山峦起伏之势而筑。西倚山势挺拔的武夷群峰，南北两侧有岗阜山丘左右围护，崇阳溪从崇山峻岭中逶迤而来，城址东面和北面是冲积平原，有良田万顷。当时的闽越国人正是这样巧借天然地形，以河为壕堑，以山为墙屏，重重合护，从而打造出了这样一座固若金汤的城池。

城村汉城遗址为王城、外方郭、郭外有郊的分布格局，占地面积总计 14.6 平方千米，其中王城（内城、宫城）平面呈不规则的长方形，占地面积 48 万平方米。

这是迄今为止我国南方地区发现的面积最大、保存最好的汉代城址，因此赢得了"江南汉代考古第一城"的美誉！

"闽中第一井"

在城村汉城遗址王城宫殿区的北侧后院处，考古人员意外地

发现了一口古井。这口井应该也是当年闽越王城留下来的，这可是一口汉代的水井啊，距今已有 2000 多年了！

井的口径有 113 厘米，由多节陶质井圈套叠而成，高 42 厘米，厚约 2.5 厘米。每一节的井圈上都钻有 4 个对称的小圆孔，估计当时是用来穿过绳索将井圈固定的。

井中至今仍有水，曾经有人从井中打出水来尝过，水质甘冽。这口水井自 2000 多年前的闽越王宫流淌至今，是福建目前发现的最古老的一口水井，堪称"闽中第一井"！

"万岁"瓦当

虽然城村汉城闽越国王城早在 2000 多年前就被大火焚烧一空，但从这些残存的砖瓦之中，依稀可以让人想象得到当年宫殿的繁华巍峨。印有"万岁"字样的瓦当就是一个极好的例证。

这件瓦当是用泥质灰硬陶烧制而成，直径超过 16 厘米，厚近 3 厘米，周长超过了 50 厘米。这样硕大的瓦当，何其气派！在地下深埋 2000 多年，依然基本保持完整，更是难得。

过去的房屋，顶上盖的都是屋瓦。下雨的时候，雨水会沿着瓦片流下来，让行人感到不便。古人就发明制作了这种瓦当，把它安置在建筑物的檐头，可以遮挡住往下流淌的雨水。

瓦当是中国古代建筑中的重要构件，不但可以遮挡雨水，保护木制檐头，而且因为瓦当上面往往装饰有纹饰和文字，还起到了美化屋面轮廓的作用。一举多得，这是结合了实用与美观的一项了不起的发明。

"万岁"瓦当

知识链接

闽越王城当年的宫殿坐落于城址中央的高湖坪，主殿坐北朝南，以庭院、殿堂为中轴线，左右均衡对称，由大门、门卫房、庭院、殿堂、东西厢房、东西廊屋、西侧殿、东暖房、浴池、西天井等组成。

王城中许多大型的宫殿建筑，其外观、建筑设计和布局等，都与秦时的咸阳、汉时的长安宫殿建筑非常类似，不过独具匠心的闽越人并没有全部照搬中原建筑，他们在这座王城中融入了当地的特色，如正殿的南方"干栏式"建筑风格。

原始巢居 ------------------------► 干栏式

02 武夷山城村牛山一号墓

罕见的高等级越人墓葬

被盗的古墓

2002 年，在与城村汉城遗址隔河相对的崇阳溪北岸的低缓丘陵上，考古人员发现了一座曾经被盗掘过的古墓，将其命名为武夷山城村牛山一号墓。

墓坑内的木椁已经腐烂无存，只剩下了朽木的痕迹。由于曾经遭到盗掘，墓中的随葬品已经所剩无多，考古人员只找到 24 件残余的陶器，还有一把铁斧。出土的器物风格与城村汉城遗址出土的同类器物几乎一模一样，可以确定是西汉闽越国时期（公元前 202—前 110 年）的遗物。

罕见的人字形木椁

椁室就是埋放棺材的地方。前室呈长方形，后室则是半圆木斜立搭建的"人"字顶。

让考古人员特别感兴趣的是，这座古墓的内部结构。墓坑内构筑有前后两个椁（guǒ）室。椁室外围还埋了很多炭，并填土夯实。

人字形木椁顶！这是非常罕见的高等级越人墓葬特有的形制呀！此前只有 1997 年时，浙江的考古人员在绍兴的兰亭印山大墓发掘时见过一处，而那座墓的主人名叫允常，是大名鼎鼎的越王勾践的父亲，印山大墓也因此被称为印山越国王陵。在武夷山城村汉城遗址附近发现的这座牛山一号墓中也出现了人字形的木椁顶，这会不会就是闽越国国王的陵墓呢？

　　牛山一号墓全长超过 30 米（包括墓道、甬道、墓室），墓上的封土包基座面积达到 1200 平方米，是福建考古史上发现的规模最大的墓葬。

知识链接

　　这座古墓平面呈"甲"字形，由封土、墓道、甬道、墓坑等部分组成。在绍兴的印山越国王陵、武夷山城村牛山一号墓中，都发现了大量堆积的黑乎乎的木炭。古人在墓中大量积炭的目的，一是为了防潮（炭可以吸收水汽），另一方面则是为了防盗。因为木炭是疏松多孔的结构，较松散，一旦有盗墓者踩进木炭堆中，就像脚陷进沙里一样，不容易拔出脚来逃生。

闽越国遗珍

顶着孵蛋小鸟的香薰

这是一件闽越国时期的文物珍品：鸟钮灰陶香薰，出土于武夷山市城村新亭园汉墓中。

这件香薰高不足 8 厘米，口径也只有 10 厘米左右，小巧玲珑，由盖子和豆形的器身上下套合而成。盖子做得很别致，盖面镂有三角圆形孔，顶上有钮，钮塑捏成一只小鸟的样子。有意思的是，钮的底盘上还有一个圆饼状的小泥团，好像鸟蛋。远远看去，似乎小鸟正在孵蛋呢！

你知道这件香薰从前是做什么用的吗？

其实器物名称已经告诉你答案了：香薰，是古人用来熏香用的。

在古代的南方地区，由于气候湿热，蚊虫较多，生活在这一地区的人们就发明了香薰这种器物，在里面点燃香料，香气从盖面的镂孔中渗出，不但可以驱赶蚊虫，也可以起到清新空气的作用，让人神清气爽。

福建因为位于沿海，很早就已通过海上贸

西汉闽越国
鸟钮灰陶香薰

易路线从国外进口香料。这件西汉闽越国时期的鸟钮灰陶香薰中当年燃烧的香料，说不定就是来自遥远异域的"舶来品"呢！

"请君入瓮"

中国古代有个"请君入瓮"的典故，比喻"以其人之道，还治其人之身"，这里的"瓮"是一种陶制的容器。20 世纪 90 年代，南平市浦城县仙阳镇仙阳村一个工地在施工时，挖出了一批西汉闽越国时期的文物，其中一件印纹硬陶瓮，就是古代典故"请君入瓮"里说的这种瓮。

这件陶瓮高 33 厘米，器腹圆鼓，腹径 34 厘米，和器高只差了 1 厘米，远远看去，仿佛一个圆球的样子。肩部贴有双系，可以穿绳提拎，通体拍印有细密的方格纹。在古代，要烧造这样大型的陶器非常不容易，对技术、火候都有很高的要求。而这件陶瓮在地下埋藏了两千余年，依然保存得这样完好，更是一个奇迹。

西汉方格纹双系陶瓮现为国家一级文物，收藏于浦城县博物馆。

西汉方格纹
双系陶瓮

04 西汉龙纹玉璧

福建第一玉璧

失去桂冠的玉璧

大家应该都听说过"和氏璧"的故事，那在古代的福建有没有什么精美的玉璧呢？

其实也是有的。2003 年，考古学家在南平市浦城县临江镇金鸡山麓，发现了一大一小相邻的两座西汉时期的墓葬，小的墓葬被盗过，空空如也；大的墓葬中出土了大量玉器和陶器。里面出土了一套 18 件的玉组佩，还有 4 件玉璧和 3 件陶璧。

其中一件玉璧直径达到了 34 厘米，本来可以很轻松地摘下"福建第一玉璧"的桂冠，可惜的是由于埋在地下日久，玉璧受侵蚀严重，表面严重白化，酥脆软弱。所以"福建第一玉璧"的桂冠就落到了另一件相对小一些、直径约 27 厘米的玉璧头上。

象征财富的玉璧

这件玉璧用青白玉材雕琢而成，中间有个圆孔，两边都雕琢有纹饰，内圈是蒲纹，外面一圈是变形的双体龙纹。

西汉龙纹玉璧

这是福建汉代考古中第一次发现如此完整的玉璧。同时出土的玉佩饰，由18件不同的玉饰组成，刻有勾连雷纹、凤纹等纹饰，精美无比。这在福建汉代考古中也是首次发现。

　　玉璧早在新石器时代晚期就已经出现，浙江良渚文化玉器中，璧就是发现频率很高的一种器形，有时一个墓中出土几十件，层层叠叠，十分壮观。人们推测，在史前时期，随葬大量玉璧，是墓主人财富的象征。

　　浦城汉墓出土的这些玉璧和玉饰也说明，西汉时期福建地区的闽越国墓葬，也是流行随葬玉器的，反映了闽越国和中原文化的共通。

05 屏山闽越国宫殿遗址

"冶在福州"的实物印证

揭开冶城的面纱

大家熟知,福州建城 2200 多年了,福州最早的城是西汉初闽越王无诸建的都城冶城。但在二三十年前,冶城在哪里,学术界争论不休,有人认为冶城指福州,也有人说冶城指武夷山市的城村汉城(过去叫崇安汉城),一时众说纷纭。

随着考古工作的进行,蒙在"冶城"上的神秘面纱被逐步揭开了。

20 世纪 90 年代至 21 世纪初,考古人员在福州屏山一带进行了数次抢救性考古发掘,发现了汉代的夯土台基和建筑材料。到了 2013 年,因为福州要修建地铁,考古人员又在地铁屏山站附近工地进行了两次发掘,又有了重大发现。不仅发现了西汉时期的两期夯土台基,而且在台基上发现了水井、陶窑、散水、河道等遗

迹，出土了一批铺地砖、筒瓦、板瓦等建筑材料，其中有龙纹瓦当和"万岁"瓦当等高等级的建筑构件，还发现了一件铁锚。

规模巨大的夯土台基，数量较多的铺地砖，等级高的"万岁"瓦当……这一切都预示了这里的建筑规模很高。所以国家文物局派来的专家到现场考察时，高兴地说，你们已经"摸到了"汉冶城的宫殿区了。

通往王宫的河

根据考古发掘，可以确定冶城的范围大致在屏山以南到冶山一带，东到观风亭巷，西到西湖一线。地铁屏山站这一带，可能就是汉冶城的宫殿区。

有意思的是，考古人员还在台基边上的河道内发现了一件四齿铁锚，高约 50 厘米，重约 32.5 千克，有一个锚孔。这可能是福建省甚至是我国目前发现最早的铁锚。这不仅展现了闽越人的航海特性，也同时表明，当时的海船可以通过海湾由这条河道直达汉冶城的王宫一带。

两晋时期主要的考古发现为古墓葬和古窑址，发现的遗址较少，较为重要的发现为福州冶山东侧马球场遗址中，在唐代建筑之下发现的西晋木柱、排水设施等遗迹。

　　隋唐、五代时期是福建历史发展的转折时期，随着中原汉人大量入闽带来中原文化和技术，福建社会进入快速发展阶段，政治安定，经济繁荣，文化勃兴。这一时期的古遗址分布在福州、泉州、漳州、宁德等地。

　　唐代中后期，福州、泉州两地逐渐成为大中型城市。福州地区发现了闽国修筑的北月城城门遗址、鼓角楼遗址，在钱塘巷发现闽国时期修筑的从王城通往西湖的夹道遗址，在文儒坊西段发现了五代修筑的罗城城墙遗迹，在冶山路发现马球场遗址。泉州则有始建于唐代、兴盛于宋代的泉州府文庙、开元寺及镇国塔和仁寿塔这东西双塔。此外，在福鼎地区还发现了分水关古城墙，城内清理出跑马道、关门、烽火台、古驿道等遗迹，应该是五代时期为抵御外敌而修筑的防御工事。

两晋至唐五代时期

阮咸横膝清音奏

　　魏晋南北朝时，北方战争动乱，不少中原人纷纷南迁来到福建。因为是晋人南渡，到了泉州这一带沿江而居，于是这条江就叫"晋江"，沿岸城市也因此得名。

　　真的是这样吗？

　　考古人员陆陆续续在泉州的南安市丰州一带发现了不少晋墓，证实了当时晋江两岸确有贵族居住。

　　丰州古墓的发掘，出土了大量模印花纹砖，种类多样，纹饰精美。其中有僧侣、供养人形象，反映了佛教文化的传播现象。更值得一提的是，其中4座墓葬的墓砖刻有古乐器"阮咸"图案，这在福建尚属首次发现。这些执拂尘、阮咸的人物形象，与南京等地中下层士族衣冠面貌相似，反映了魏晋以来讲究玄学、善清谈的社会风气。

　　丰州古墓群规模之大，分布之广，延续时间之长，墓形和器物之独特多样，在福建乃至全国尚属少见。这不仅反映当时此地的繁荣，还为研究闽南历史发展提供了新的物质资料，也为研究我国古代经济中心南移提供了不可或缺的原始材料。

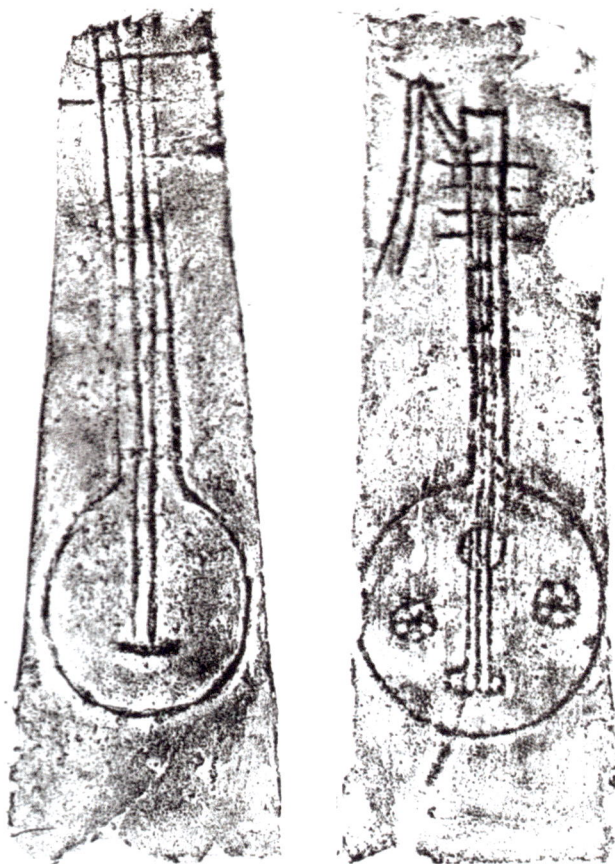

"阮咸"花纹砖

知识链接

阮咸（生卒年不详）其实是魏晋时一个名士的名字，他是阮籍的侄子，与阮籍并称"大小阮"，并与嵇康、阮籍、山涛、向秀、刘伶、王戎并称"竹林七贤"。据说阮咸善弹琵琶，精通音律。一种形似月琴而颈较长的古琵琶，相传因他善弹而被命名为"阮咸"，简称"阮"。

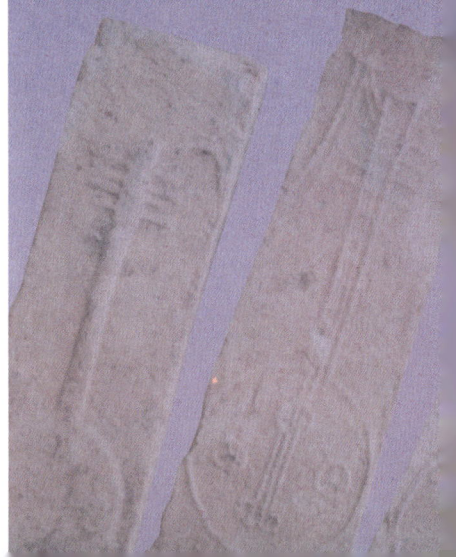

最古老的寿山石雕

南朝寿山石雕猪

在中国，有四大印章奇石之说，分别是寿山石、青田石、昌化石和巴林石。这其中，产自福州的寿山石更是有"石帝""石后"之称，据说彩石具有"细、结、润、腻、温、凝"六德，其石质、石色、石形、石纹晶莹滋润，是上等雕刻彩石，向有"贵石而贱玉"之说。

用寿山石制成的寿山石雕,也被誉为"榕城三绝"之一。

寿山石这样了得,那你知道目前已知的最早的寿山石雕是什么时候出现的吗?

1954年,考古人员在福州市仓山区桃花山福建师范学院工地上发现一座南朝古墓,里面出土了两件用寿山老岭石雕刻而成的石猪。石猪近长方体,呈卧伏状,用简练的线条雕刻而成,形态粗犷。

巧的是,在同一年,在福州市仓山区乐群路速成中学工地又发现一座南朝古墓,里面也出土了两件用寿山老岭石雕成的石猪,跟桃花山出土的那两只相比,这两只石猪形态更加逼真,呈正面匍匐状,双眼前视,四足前伸,翘嘴竖耳,非常生动。

这四件用寿山石雕成的石猪现在均收藏在福建博物院,为国家一级文物。它们也是迄今为止出土的最古老的寿山石雕文物,已有1500年历史了。

"火烧水激"筑奇工

列入名录的水利工程

2017年10月，福建省宁德市的霍童灌溉工程入选第四批世界灌溉工程遗产名录。

能够与闻名天下的都江堰一样入选世界灌溉工程遗产名录，那该有多了不起啊！这到底是一个什么样的水利工程呢？

霍童灌溉工程位于宁德市蕉城区霍童镇，因而得名。它最早开凿于隋朝皇泰元年（618年），由隋朝谏议大夫黄鞠主持兴建（因此也称黄鞠灌溉工程），自开凿起经历代沿用至今，使用时间长达1400多年！

"火烧水激"的妙法

这一灌溉工程由右岸的龙腰水渠和左岸的琵琶涵洞两部分组成。龙腰水渠又称"度泉洞"，沿山体开凿而成，主要为引水明渠。水渠内侧和渠底利用岩底开凿成形，外侧壁另用河卵石砌造渠墙，截面大部分呈"凹"字形，渠面

最宽 2.72 米，最深 3 米。琵琶涵洞又称"蝙蝠洞"，位于霍童溪北岸。它的明渠形制、凿造方法与龙腰水渠相似，由明渠与涵洞连接而成。

右岸龙腰渠、左岸琵琶洞渠系两处灌溉工程系统，合起来全长十多千米，具有农业灌溉、生活供水、水力加工等综合功能。

最值得称道的是，霍童灌溉工程采用"火烧水激"之法开凿，是国内罕见的利用烧爆法开凿隧洞的实例，具有重要的科学价值。同时，它也是迄今发现的系统最完备、技术水平最高的隋代灌溉工程遗址。

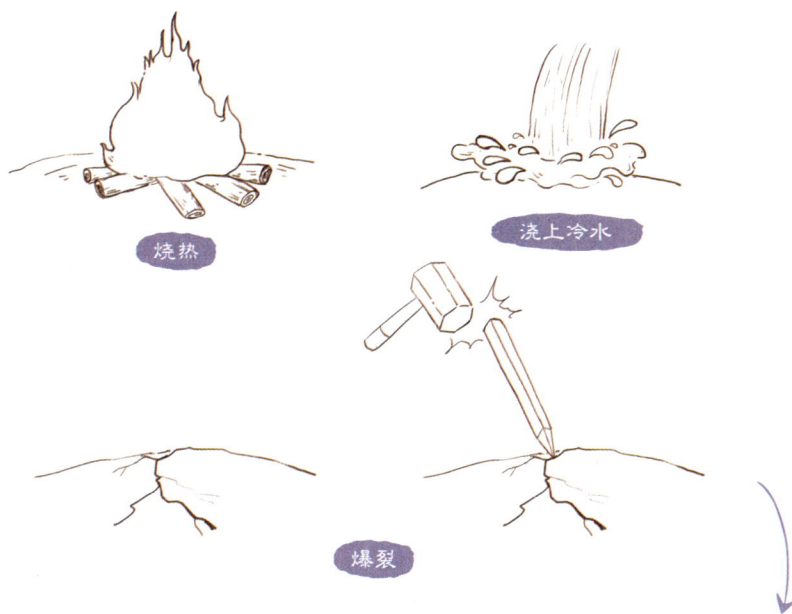

烧热

浇上冷水

爆裂

~ **知识链接** ~

烧爆法也称"火烧水激法"，是中国古人发明的一种独特的采矿技术。它的原理是，先用火将矿床的某一部分烧热，随后再浇上冷水，利用急剧的热胀冷缩的体积变化，使矿石爆裂。

04 福州中山路唐代马球场遗址

连翩击鞠壤，巧捷惟万端

马球场遗址出土骨梳

古人爱玩的马球

在中国古代，曾经盛行一种叫马球的运动。在古代文献中，马球被称为"击鞠"，据说早在汉代就已发明。

所谓马球，顾名思义，就是人们骑在马上，用马球杆来击球入门。马球状小如拳，用

三国时那个"七步成诗"的才子曹植就写过一篇《名都篇》，里面用"连翩击鞠壤，巧捷惟万端"的诗句来描写当时人们打马球的情形。

质轻而又坚韧的木材制成，中间镂空，外面涂上各种颜色，有的还加上雕饰，还被称为"彩毬""七宝毬"等。用来击打的马球杆长达数尺，端头如弯月般，有点像现在的冰球杆。

比赛的时候，往往以草地、旷野为场地。游戏者乘马分两队，手持球杆，共击一球，以打入对方球门为胜。

瞧瞧唐代的马球场

马球运动在唐宋时期风行一时。你可能想不到，考古人员在福州市冶山东南麓就挖出了一个唐代的马球场遗址！

当时考古人员在发掘时，在地下发现了一处唐代的大型地面木构建筑房址，以及大面积的夯土遗迹。这一大片的夯土面，平坦坚硬，构筑考究。

这样大面积的场地，夯筑得又这样平整考究，它究竟是用来做什么的？

根据第五层填土中的出土遗物，可以推断这一建筑遗迹的年代为中、晚唐时期，与现存福建博物院的唐马球场碑记和有关志书（如《三山志》《福建通志》）的记载相符。由此推断，此次发现的大面积夯土遗迹，应该就是始建于唐代中晚期的马球场。

两岸共仰的漳台圣宗

将军带来的农田

在闽南漳州市云霄县城以西 3000 米有一座将军山,在山的东麓,埋葬着一位对古代漳州开发做出巨大贡献的将军,他就是唐代的归德将军陈政。

陈政为名门良家子弟,后来参军从征,以赫赫战功获得了归德将军的称号。669 年,南方发生了"蛮獠"聚众啸乱,老百姓苦不堪言。唐高宗派陈政前往平定动乱。

陈政得令后,和儿子陈元光一起,率领 123 名将佐和 3600 名府兵进入福建,先是通过苦战平定"蛮獠啸乱",然后在云霄驻扎下来,开垦土地,兴修水利,发展生产,为漳州的开发打下了良好基础。

唐仪凤二年（677年），陈政因为积劳成疾，病逝于云霄。20岁的陈元光继承了父亲的事业，他一边剿除动乱根源，稳定地方形势，一边将中原先进的农耕文明带到这片荒蛮之地，催生了闽南文化的形成。

开漳的功臣

为确保闽南长治久安，经陈元光奏请，唐垂拱二年（686年），朝廷准许在泉州和潮州之间设立漳州。随着漳州建置，闽南、粤东这片蛮荒之地的经济文化得到迅速发展，陈元光也成为促进中原文化、楚越文化和海洋文化融合的奠基者。

陈政和陈元光父子二人戎马征战，都为闽南的开发做出了巨大的历史贡献，被后人尊奉为开漳的功臣，成为两岸共同敬仰的漳台圣宗。

读碑忆闽王

天下四大碑之一

在福州市鼓楼区庆城路 22 号，有座闽王祠，祠内供奉的王审知像，闽人尊为"开闽王"。

王审知（862—925），是唐末五代时的闽国国王。他为福建的开发做出了巨大的贡献，因而在他过世后，人们将他原先的宅第改为闽王祠，历朝历代加以奉祀。

闽王祠内曾有多方珍贵碑刻，现存唐碑一、宋碑二、明碑一，其中以唐"恩赐琅琊郡王德政碑"最为重要。这块碑被誉为"天下四大碑"之一，碑文记述王审知家世，以及五代闽国军事、政治、经济、文化等方面的珍贵史料。

实至名归的"开闽王"

唐末社会动荡，河南光州（固始）数万移民，辗转数千里来到福建，其中就有王审知三兄弟。唐光启元年（885年）兵变后，王审知兄弟开始执掌军权，陆续攻克泉州、福州，统一了福建。

饱读诗书的王审知不愿征逐杀伐，"宁为开门节度，不作闭门天子"。他以臣子自居，向中原朝廷纳贡，又与周边的国家交好往来，连横抗强，避免了连绵烽火。

因为不用打仗，王审知就利用军队的力量，在福州建罗城，扩夹城，城高墙坚，无惧来战。在修城之外，王审知又在福州疏浚西湖，"广至四十里，灌溉民田无算"。

王审知还特别重视文化教育，"建学校以训诲，设厨馔以供给"，给福建学子供饭供学。当时有这样的说法："人家不必论贫富，惟有读书声最佳。"浓厚的读书风气，为后来闽地文教事业的昌盛打下了良好的基础。

将"开闽王"这样的桂冠授予王审知，的确是实至名归啊！

一中一西两件宝物

福州市

旧唐遗物

清代道光年间在仙游城西保福院出土了一件稀罕宝物。这是一件青铜鎏金的熏炉（古代焚香器），通高 40.1 厘米，口径 21 厘米，现珍藏在福建博物院，是国家一级文物。

它稀罕在哪里呢？

因为在熏炉宽折的口沿上刻有一圈铭文，是迄今为止所见到的唯一一件有五代闽国铭文的青铜铸器。

这一圈铭文用楷书刻在熏炉的口沿上，文字相当长，差不多绕了口沿一圈。里面提到了熏炉主人的名字"王延翰"，特别重要的是还提到了熏炉的制作时间，是"天祐四年"。天祐四年就是 907 年，在这一年的四月，朱温灭了唐朝，改年号为梁开平元年，而在这个香炉上仍旧沿用了旧唐年号。

这也就是说，这件熏炉还是大唐的旧物呢！

我们来仔细看看这件宝物。它由盖、身两部分组成，炉盖做成头盔状，与炉口沿凸唇相扣合。盖顶有蹲狮钮，

五代闽国铜鎏金
王延翰狮子炉

高 11.3 厘米。狮口与器内相通，便于烟香外溢。炉身直口，边沿呈五葵瓣形，直腹平底。下面铆接五个兽形足做支架。整件器物造型古朴，构思巧妙，铸工精致，蹲狮张口翘首，栩栩如生。

来自波斯的宝物

1965 年 2 月，考古人员在福州市北郊莲花峰发掘了一座五代十国时期闽国古墓。在众多的出土文物中，放置于墓的前室的 3 件器型高大的孔雀绿釉陶瓶，引起了考古人员的注意。

它们的器形非常高大，最高的一件高达 74.5 厘米。最令人印象深刻的是它们的釉色，釉层肥厚晶莹，散发着一种莹莹的碧绿泛蓝的光，过去很少见到这种釉色的陶器。

考古人员经过考证，才确定这是几件来自异域波斯的陶器，全称应该叫孔雀绿釉陶瓶。所谓孔雀绿釉，是一种以铜元素为着色剂的低温形釉。这种釉陶器起源于古波斯地区，晚唐五代时期，随着海外贸易的频繁发展，从海路传入中国。波斯孔雀绿釉陶瓶目前国内发现稀少，仅在扬州、福州两地有所发现，反映了古代波斯与福州、扬州之间频繁的贸易往来。

> 造型很特别，小口，大肚，小底，像一个两头尖中间大的棒槌。陶瓶表面装饰的纹样别致，肩腹上部有 4 道凸起的粗绳状堆纹。粗绳纹上还有 4 个环形系，系孔却不通。

五代波斯孔雀绿釉陶瓶

古钱是这样铸出来的

在中国古代有相当长的时间，都流行用金属铸成的钱币，绝大多数都是用铜为材，俗称铜钱。那你知道这些铜钱是怎样铸造出来的吗？

答案是：用钱范。

钱范也叫钱模。一开始人们直接在石质或是铜质的范材上，刻出铜钱的样子，然后把熔化的铜水浇进去，等铜水冷却之后，就是一个个铜钱了。不过用石质或是铜质的范材太浪费了，而且在上面刻钱币的纹样也不太容易，后来的人们就想出了一个聪明的办法，在松软而又易得的陶泥上刻出钱模，然后将它们在火中烧硬，就得到了一个个经济实用的钱范了。

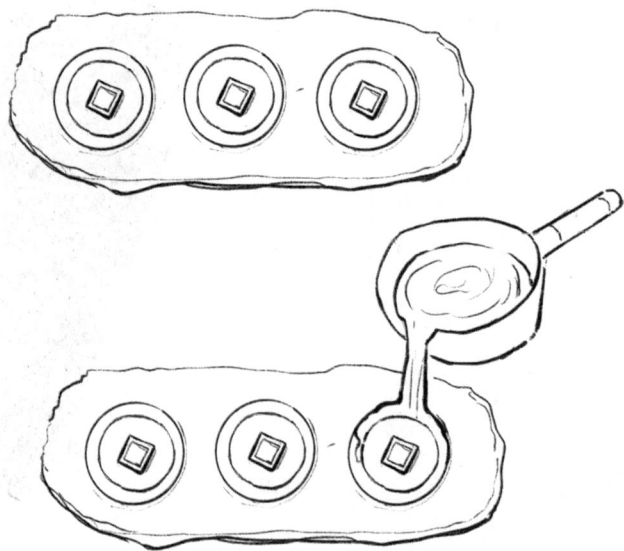

"五铢"钱范

从 20 世纪 70 年代初开始，考古人员在进行文物调查时，陆陆续续在承天寺内发现五代十国时期闽国的永隆通宝陶钱范，而且钱范数量"不计其数"，于是推测这里可能就是当年的铸钱遗址。2002 年，福建博物院派人对承天寺五代铸钱遗址进行发掘，出土了永隆通宝陶钱范数千件。

现藏于福建泉州海外交通史博物馆的这 10 件五代十国闽国永隆通宝陶钱范，为国家一级文物。陶钱范为圆形，用泥土烧结。阴印圆形方孔，正文钱范刻"永隆通宝"四字，背文钱范刻"闽"字，下刻有仰月纹（有的还刻有星纹）。

永隆通宝陶钱范的铸造是社会经济发展的需求。唐代以来，泉州成为福建经济中心之一，对外贸易繁荣，因此货币越显重要。

09 福鼎分水关古城墙

闽浙分界有无之中

分水关在何处

一直有这样的说法，闽山浙水无边界。如果你乘车来往于闽浙边界，来到福鼎的分水关，如果不是醒目的道路标识和蜿蜒高处的防御城墙提醒你，你根本一点都不会察觉，倏忽之间就从这省到了邻省。

但在古代，这里的确是有一道边界城墙的，这就是位于今福鼎市贯岭镇分水关村的分水关古城墙。

分水关距福鼎市东北约 15 千米，此地海拔 450 米，地处浙江省泰顺县、苍南县与福建省福鼎市交界处。

根据文献记载，分水关由五代闽国开闽王王审知所建。当时建这个城墙，是为了确保闽地安全，以防御吴越国。此地因地势险要，号称"闽东北门户"。

藏起来的圆拱门

分水关古城墙依山势而建，如今只遗残墙四五百米。城墙大部分高在 3 米至 5 米之间，最高达 6.8 米。城墙外侧用较平整的大石垒砌，并设有走马道、城垛。

有意思的是，一条古驿道与防御墙成 90 度交叉，防御墙中竟然还藏着一个圆拱门。这个圆拱门就是关门，宽 2.5 米，进深 4.9 米，连接南北的古驿道穿关门而过。门道外侧有一块长方形闽浙交界界碑，上刻"分水关系平鼎交界，平西北，鼎东南"字样。平即浙江平阳，鼎为福建福鼎。

古驿道由块石铺就，时光把块石的表面打磨得光滑无比。因为有了新的现代的交通要道替代，被毁弃的古驿道路面长满了青草和苔藓。消逝的时光里，这条古驿道承载了数不清的往事。分水关既是古代福建防御外敌入侵的军事关隘，同时又是闽浙两地重要的交通驿站。中原文化通过这条古驿道进入闽地，使闽东成为福建最早接受中原文化影响的地区之一。

厦门早期开发的实物见证

墓志铭里的秘密

20 世纪 70 年代，泉州东郊石井乡村民取土的时候，意外地挖掘到一座唐墓。考古人员赶来调查，在墓中找到一块墓志铭，铭首用篆书写着"唐许氏故陈夫人墓志"。

考古人员经过释读，得知墓主人是厦门陈元达的女儿，她 17 岁的时候嫁给了泉州参军许元简，可惜的是她在 23 岁时就去世了。她的丈夫许元简悲痛之余，就亲自写了墓志铭悼念。在这篇墓志铭中，许元简花了不少笔墨介绍妻子的娘家情况，结果意外留下了一段关于早年厦门开发的珍贵资料。

墓志铭中介绍，妻子陈氏的祖先是河南颍川人，是西汉丞相陈平的后人。妻子陈氏的高祖，曾担任长乐的县令。到了妻子曾祖陈僖这一代，陈家已经成为福建的豪门。

厦门的过去

唐德宗贞元四年（788 年），福州发生了一起兵变事件，打乱了陈家人平静的生活。兵变发生前，叛乱者联系了陈僖。陈僖无意谋反，但也不敢得罪叛乱者，左思右想，干脆三十六计走为上计，跑吧！

他们跑到哪儿去了呢？墓志铭里有明确的记载：厦门。"海中之洲，曰新城，即今天之嘉禾里是也。"陈僖连夜造船，带着全家老小到了厦门。

据墓志记载，厦门最早的名称是新城，当时已经改叫嘉禾里，才刚开发，所以陈僖家族登陆厦门后，觉得这里虽然人迹罕至，却是躲避灾祸的好地方，于是定居下来，全力拓荒，开垦农田，建设家园，成绩显著，很快家业就丰厚起来，他们甚至还受到了郡里的表彰。这也是最早记载厦门历史的文物。这块墓志石的发现，推翻了厦门历史宋之前不可考的结论，为研究厦门开发史提供了重要的文字根据。

宋代以后，尤其是宋室南渡以后，海外交通与贸易进一步发展，刺激了福建的手工业发展与商品生产，社会经济文化空前繁荣。

这一时期，福州、泉州、漳州或作为福建政治中心，或作为对外港口，成为宋元时代福建地区的重要城市。尤其是泉州，这一时期成为对外贸易和文化交流的港口城市，考古发掘也证明了这一点，大量的官署遗址、寺庙遗址、港口沉船遗址等，成为世界遗产"宋元中国的世界海洋商贸中心"中的遗产点。而通过水下考古发现的宋元时期的沉船遗迹，也是这一时期海上丝路贸易繁盛的见证。

由于宋徽宗对福建的茶和盏情有独钟，称誉建瓯"龙团凤饼，名冠天下"，建窑建盏"兔毫连盏烹云液，能解红颜入醉乡"，造就了宋代福建茶业的兴盛。建阳建窑遗址和建瓯北苑御焙遗址的发掘，充分反映了这一历史事实。

宋元时期

01 北苑御焙遗址

龙团凤饼，名冠天下

皇帝都爱的龙团凤饼

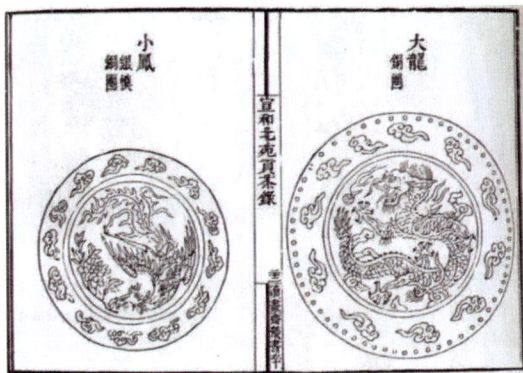

龙团凤饼

茶是中国的"国饮"，而以产茶著名的福建，在中国茶文化史上也留下了辉煌的印记。尤其是宋代，来自福建建安的贡茶深受宋代皇帝的青睐，如宋徽宗赵佶就在《大观茶论》中写道："本朝之兴，岁修建溪之贡，龙团凤饼，名冠天下。"

当时宋代朝廷下令在福建建安兴建官焙，采建安茶上贡。宋太宗时开始在建安北苑遣使造茶，以龙凤外模紧压成茶饼，以与民间所产相区别，这就是龙团凤饼的由来。

岩石上的线索

那这个专门为皇帝生产贡茶的北苑御焙遗址在哪儿呢？

它位于今南平市建瓯市东峰镇焙前村。在焙前村林垅山坡上，还留有一块凿字岩石刻，经考证，内容为北宋庆历年间柯适所题写的北苑茶事题记。石刻竖刻从右至左，全文8行，每行10

字，共 80 字。虽然经历千年风霜，字迹仍清晰可见。

此后，考古人员在遗址区域内进行了考古发掘，先后发现有砖、石构建筑墙基、台基、挡土基、院落、天井、道路、水井、水沟、水池、陶水管道、砖土灶、灰坑等。发掘显示，这里为目前国内发现的最早的官办茶叶衙署遗址。

据宋以来各类文献记载，五代至元时期，福建贡茶以北苑为主，太平兴国初始为御焙，是当时三十二焙之首。北苑御焙遗址的发现，为中国古代璀璨的茶史文化提供了有力的证明。

世界上第一座妈祖庙

华人心中的女神

有这样一位神祇，她不仅在中国，而且在世界范围内都受到华人由衷的敬仰，全世界一共有 5000 多座专门供奉祭祀她的庙宇。

对，你猜到了，她就是妈祖。

妈祖又称天妃、天后、天后圣母、娘妈，妈祖信仰是中国社会一个极富特色的民间信仰。因为在海上航行经常会遭到风浪袭击而船沉人亡，人们为了祈祷海上航行的顺利，把希望寄托于神灵的护佑，为此建立起妈祖庙。在出海航行前，人们要到妈祖庙祭拜妈祖，祈求平安，有的船上也供有天妃神位。

其实，妈祖并非想象中的天神，她是有原型的。妈祖本名林默（960—987），北宋时期生活在福建莆田湄洲湾的一个小渔村，她向来以乐于助人而为人称道。据说，她去世之后也频频显灵，保佑乡里。

从宋代以后，奉祀妈祖的宫庙遍及中国沿海各省。而且随着元明清时期海上交通的日益发达，妈祖庙也随着华人足迹遍及全球。

妈祖的故乡

　　莆田湄洲岛，被誉为"妈祖故里"。这里是传说中妈祖羽化升天的地方，也是妈祖文化的发源地，每年都有成千上万的信众前来朝拜。湄洲妈祖祖庙是世界上第一座妈祖庙，也是现存世界上 5000 多座妈祖庙的祖庙。

　　湄洲妈祖祖庙位于湄洲岛北部的祖庙山上，现存建筑多为清代结构，依山势而建，形成了纵深 300 米、高差 40 余米的主庙道。

　　1993 年，在祖庙山顶还建造了一尊高达 14.35 米的巨型石雕妈祖像，面向台湾海峡，为海峡两岸同胞共同瞻仰。妈祖石像共用 365 块花岗石雕成，寓意妈祖一年 365 天都在保佑人们平安吉祥。

古人喝酒的神器

　　"五花马，千金裘，呼儿将出换美酒，与尔同销万古愁。"这是唐代诗仙李白《将进酒》里的诗句。在中国古代，许多文人墨客喜好喝酒，也因此留下了不少流传千古的名句。

　　那你知道古时候的人，喝酒用的器具是啥样的吗?

　　其实各个朝代都不太一样。在遥远的新石器时代，人们用的是下面有三个胖胖的袋足、上面是鸟嘴造型的陶鬶，到了商周时期，有着各种稀奇古怪名字的青铜酒具就更多了：爵、角、觚（gū）、觥（gōng）、斝（jiǎ）、觯（zhì）、杯……秦汉时期，人们更喜欢用漆木制成的酒杯喝酒，它被做成耳朵的样子，叫作耳杯。又因为它很轻巧，可以浮在水上，还有一个很诗意的名字叫作"羽觞（shāng）"……

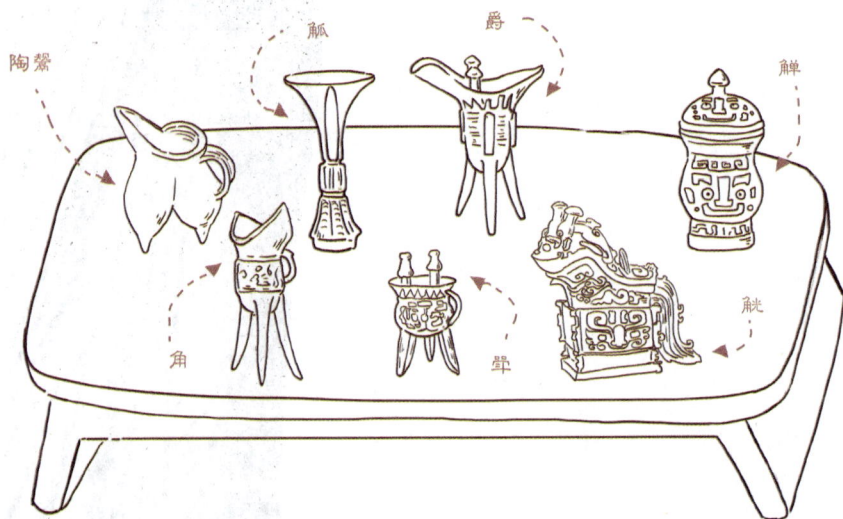

到了东汉末期，人们发明了被视为中国"国粹"的真正的瓷器。因为瓷器清洁、雅致美观，从那以后，饮酒的酒具大多都是瓷器。

宋朝，开始流行起一种叫作"温壶"的酒器。它的设计非常巧妙，由盏、壶、温碗组合而成。

在今将乐县博物馆内就收藏有一件北宋青白釉刻画莲纹带盖瓷温壶，现为国家一级文物。此为一组盛酒、温酒的用具。注子直口，带盖，弓形柄，细长流，圆肩，鼓腹。温碗敞口，高圈足，腹部刻莲瓣纹，似盛开的莲花。釉色青中泛白，白中显青，为景德镇青白釉瓷器。温壶使用时，将热水注入外套内，再置入装好酒液的内壶。使用此法烫酒比用炭火直接加热更卫生清洁，且外套中的热水可随时更换，从而使酒液得以持续保温。

北宋青白釉
刻画莲纹带盖瓷温壶

知识链接

青白瓷又叫影青瓷，宋代影青窑的主要产地是今江西省景德镇，江西其他地区及安徽、福建、广东等地也烧制影青瓷。当时，景德镇的产品主要是各类民间日常生活用具，其中食具、酒具较常见。这件带温碗的酒注，是烫酒器皿，通常由酒注和温碗配套组成。

春风得意马蹄疾

　　1980年9月，考古人员在当时邵武县老鸦窠山一座古建筑基址下2米深处发现一件宋代绿釉陶罐，陶罐里面竟然藏有140多件金银器，大部分完好如新，光亮可鉴。金银器种类以饮酒使用的杯、盘为主，看来这个陶罐原先的主人很喜欢喝酒啊！

　　在这些金银酒器中，有一件银鎏金"踏莎行"人物故事八角杯格外引人注目。它只有5.5厘米高，以银为材制成，通体鎏金，金光灿灿。八角杯的外壁分8面开光，每面分上中下3格。

中格压印新
科状元骑着
骏马，手执
仙桂，巡游
花市的画面

上格錾（zàn）
刻卷草、金子
芽图案

下格錾刻如意头、
卷草图案

南宋银鎏金"踏莎行"
人物故事八角杯

杯心錾刻一首《踏莎行》词，分10行，共61字。全文为："足蹑云梯，手攀仙桂，姓名高挂登科记，马前喝到状元来，金鞍玉勒成行队。宴罢琼林，醉游花市，此时方显平生至，修书速报凤楼人，这回好个风流婿。踏莎行。"

有两个常被人引用的成语，一是"春风得意"，一是"走马观花"，都出自唐代诗人孟郊的《登科后》："昔日龌龊不足夸，今朝故荡思无涯。春风得意马蹄疾，一日看尽长安花。"当时进士及第，的确有骑马在都城长安城里巡街的习俗，以示对他们的褒奖。

这件银鎏金杯中錾刻的《踏莎行》词句，就将这种"春风得意马蹄疾"的意境表达得淋漓尽致，蕴含对金榜题名、前程似锦的企盼。

金银器出土地点附近是宋宰相李纲、御史中丞黄履等达官贵人的府第。到了宋代，随着经济重心南移，福建成为中国重要的经济中心之一，金银器的产量、技术水平处于全国领先地位。

05 宋青白釉刻莲瓣纹凤首瓷壶

东西方艺术的融会

刻着凤鸟的壶

三明市博物馆中珍藏有一件国家一级文物，名叫宋青白釉刻莲瓣纹凤首瓷壶。这是一件让人见到之后印象深刻的精美文物。

这件青白釉瓷酒壶由宋代名窑景德镇窑烧制。酒壶的壶身很饱满，腹部刻饰有上下对称的仰覆莲瓣花纹，望去犹如一颗正准备绽放的莲花花蕾。壶高 27 厘米，直口，口径 3.8 厘米。通体施青釉，釉质莹润，有细小开片。

最令人叫绝的是，在酒壶的口颈之间，竟然塑了一只凤鸟。这只凤鸟俯首向下，有着大眼和尖嘴，尾部向上立起，所以考古专家把这件酒壶命名为凤首壶。

传说中的凤鸟

为什么要在酒壶的口颈部位塑造这样一只凤鸟的形象？它有什么特别的寓意吗？

其实，这种凤首壶是唐代新出现的风格样式，是唐朝陶瓷工匠吸收了萨珊、粟特银器中流行的一种细颈鼓腹、带有鸭嘴

唐代的中国空前开放，是一个被誉为"万国衣冠拜冕旒"的东方大国。由于这一时期陆上丝绸之路和海上丝绸之路的畅通，对外交往日趋频繁，加上唐朝政府又以恢宏的气度，对外来文化采取兼容并蓄的开明态度，外来文化源源不断输入中国，一时所谓的"胡风""胡器"流行不衰。

状流的带把壶的造型，创制出来的一种具有异域风格的瓷器新品种。

而有意思的是，凤又是中国古代传说中的动物四灵之一，被誉为"百鸟之王"，是尊贵崇高贤德的象征。早在新石器时代就出现在彩陶图案之中，之后一直到清代，几千年来一直贯穿于中国文化之中。

这件青白釉凤首壶，将中华文化"龙凤呈祥"的特征与域外风格巧妙地融为一体，巧妙地实现了东西方艺术的融会贯通。

宋青白釉刻莲瓣
纹凤首瓷壶

盏贵青黑，玉毫条达

独爱黑色的宋朝人

中国是瓷的国度。自从东汉末年成熟瓷器烧造成功，之后2000余年来，窑火延绵不绝。但有意思的是，在相当长的历史时期里，一直有"古瓷尚青"的传统。也就是说，人们都比较喜欢青翠碧绿的釉色，并纷纷用"千峰翠色""掠翠融青""嫩荷涵露""古镜破苔""雨过天青"这些优美的词句来形容它们。

但是有一个朝代是例外。在宋代，无论是帝王将相，还是文人墨客，以至普通百姓，大家都喜欢黑色瓷器，以黑为美。宋朝人喜爱的这种黑色瓷器，就是当时福建建窑烧造的黑色建盏。

为什么黑釉瓷器会在宋代独领风骚，风行一时呢？这跟宋代流行的斗茶风气密切相关。宋人斗茶，以茶沫在茶盏上消退的时间最长为胜。茶沫是白色的，如果用黑釉茶盏来盛茶，黑白分明，不是最直观的反映吗？

长长的龙窑

在宋代烧制这种黑釉茶盏的窑场名叫建窑，其窑址就坐落在今南平

宋建阳窑黑釉酱斑碗

市建阳区水吉镇。考古人员在这一带进行了发掘调查，在其中的大路后门窑址找到了一处长达 135.6 米的龙窑，是目前国内发现的最长的龙窑遗址。

当年的窑工匠人们，以他们非凡的智慧和创造力，在建盏看似平淡无奇的黑色底釉上，烧制出了乌金、兔毫、油滴、鹧鸪斑、酱绿釉、

宋代建窑烧造的黑釉瓷器，后人习惯性称之为"建盏"，又称"乌泥建""黑建"或"紫建"，大多为饮茶专用的茶碗和茶盏。

柿红釉等众多经典杰作。它更奇特的地方在于那精妙的纹理上，建盏从来不会出现"双胞胎"产品，每件作品都有独一无二的纹理特征，犹如人类的指纹。

赏心悦目的兔毫盏

在这些建盏当中，又以兔毫盏名头最响，最为世人称道。

之所以叫它兔毫盏，是因其烧制工艺特殊，通过窑变在釉面上形成绚丽多姿的花纹，其中有一种名品，釉面花纹就像兔毛一

般，故而得名兔毫盏。诗人杨万里更是用"鹰爪新茶蟹眼汤，松风鸣雪兔毫霜"的诗句盛赞兔毫盏。

兔毫盏既然被他们说得这样神，它到底长啥样呢？在今南平市建阳区博物馆里就藏有一件宋代建窑黑釉兔毫盏，是国家二级文物。我们来欣赏一下：

盏高 6.5 厘米、口径 12.66 厘米、足径 4.19 厘米。器形是束口弧腹，圈足浅挖，下腹部近足处旋削一周。胎色铁黑，胎质坚硬，胎体厚重，施酱黑釉至下腹部近底。口沿釉较薄，呈黄褐色，外侧面有窑疤。内外可见明显均匀的兔毫纹，兔毫细密清晰。

宋建窑黑釉兔毫盏

知识链接

建窑中，有种专用于斗茶的黑釉碗盏造型也很特殊，如同立笠一般，故有个别称叫"斗笠碗"。其实这种造型是有道理的，大敞口是为使茶泡物有一定的空间悬浮，斜直腹能使茶末在挠拂时顺畅均匀，并迅速上浮。下腹直收到小圈足是能即时沉淀一些与"斗茶"无关的渣滓。所以说，古人制造出这种"斗笠碗"，还是动了一番脑筋的。

07 九日山祈风石刻

世界唯一的祈风石刻

山中无石不刻字

在离泉州古城仅几千米的南安市丰州镇旭山村金溪北岸，有一座九日山。关于山名的来历，据清乾隆《泉州府志》记载，邑人习惯于重阳初九之日来此登高，故而得名。

九日山素以"山中无石不刻字"著称，现保留着宋、元、明、清的 78 方摩崖石刻，分布于东、西峰，以宋代石刻居多。内容有景迹题名、登临题诗、游览题名、修建记事、海交祈风等，而最引人注目的就是祈风石刻。

经仔细甄别，山中石刻中与海上交通祈风有关的一共有 10 方。最早的为南宋淳熙元年（1174 年），最晚的至南宋咸淳二年（1266 年），延续了近百年。

向风祈祷的记忆

宋代时，官方在泉州设立市舶司，"掌蕃货、海舶、征榷、贸易之事，以来远人，通远物"，主持祈风祭海也是其职能之一。这些祈风石刻，记述了每次祈风的时间、地点、参加者姓名和仪式结束后的活动等内容。其中记载冬季起航祈风的石

刻有 6 方，记载夏季回舶的石刻有 3 方，还有 1 方石刻同时记载了一年两季的祈风（"舶司岁两祈风于通远王庙"）。

从石刻记载的内容看，当时的祈风仪式非常隆重，郡太守或者提举市舶率领众僚属参加，设祭坛，陈列羊、猪、酒等祭品，然后上香，奏迎神曲，并宣读《祈风文》。典礼完成后，参与者饮宴于延福寺，并乘兴登游九日山，后将祈风的经过镌刻于山中的巨石崖壁间，这有点像现代举行重要活动后，官方新闻发布平台发的消息。

1991 年 2 月 16 日，由 30 多个国家的专家组成的联合国教科文组织"古代海上丝绸之路"国际考察队来九日山实地考察，赞誉此处为考察路线全程最有世界意义的考察点，还用中英文留下一方象征友谊的石刻。

尽管有的祈风石刻仅寥寥数语，但这些镌刻在崖壁上的石刻文字，每一方都是一份珍贵的历史档案，而且，题刻者中不乏一些名家的书迹，堪称难得的艺术珍品。

唯一已出土的海外返航古船

沉睡在深海的船

海上丝绸之路，是古人借助海洋，以船只为载体，绵延数千千米、串联数十个国家的海上贸易大通道。海上远航常伴随暗礁和风浪，并非每一艘船只都能成功到达彼岸。沉睡在大海深处的一艘艘沉船，不仅是弥足珍贵的水下文化遗产，也是探索古代文明交流史的"时空胶囊"。

1973 年，有人在福建泉州湾后渚港一带发现了一艘宋代沉船。经考古人员测量，该沉船残长 24.2 米、残宽 9.15 米，有多达 13 个水密隔舱。而伴随古沉船出水的还有沉香、降真香、檀香、胡椒、乳香、龙涎香等各式各样的香料，未脱水的香料有 2300 多千克。

遥遥领先的福船

泉州悠久繁盛的海外贸易，造就了发达的造船业，泉州成为我国古代南方重要造船基地，所造船舶以结构坚固、抗风力强、适航性好而著称于世。

自唐以来，泉州便是我国古代海外交通重要港口之一，宋元时期海外贸易更是空前繁盛，以"刺桐港"之名享誉海内外，与近百个国家和地区有贸易往来，元代时被誉为"东方第一大港"。

特别是水密隔舱的设置，大大增强了海船的抗沉性和船体的坚固性，且便于货物的装卸，这种先进设计可上溯到唐代，比欧洲早了近千年。

跨越近千年岁月，一船沉水香料令世人惊叹。可以说，古代海上丝绸之路也是一条香料贸易之路。中国的丝绸、瓷器、茶叶由这条路走向世界，东南亚、南亚等地的香料由这条路走进中国。

09 石狮姑嫂塔

南宋泉州港的海上航标

姑嫂塔的故事

宝盖山是泉州市石狮市的最高峰。在宝盖山顶，有一座始建于南宋绍兴年间（1131—1162）的石塔叫关锁塔，又名万寿塔、姑嫂塔。

闽南民间更习惯称之为姑嫂塔。关于此塔，还流传着一个凄凉的故事：

传说很久以前，闽南天旱，庄稼无收，一位名叫海生的穷人

> 登上山顶，在塔前可远眺沧海，俯视石狮全景。此景又名"关锁烟霞"，为古"泉州八景"之一。

被迫与新婚妻子以及自己的妹妹离别，远赴南洋谋生。临走之前，约定三年之后回来。此后三年间，姑嫂二人天天爬上宝盖山，

垒石登高，远眺大海归舟，切盼亲人早日回家。

　　三年之期终于到了，这一天，姑嫂二人又来到山顶，远远看见哥哥的船只已经靠近海岸。谁曾料想，这时海上忽然风雨大作，惊涛骇浪袭来，船只被打翻了。眼见着即将见面的亲人葬身大海，姑嫂俩喜尽悲来，于是也纵身跳下山崖。后来的人们为了纪念她们，就在她们当初垒石登高的地方建起了这座塔，并将它取名为"姑嫂塔"。

指挥船的塔

　　其实，这座塔的建造与一个南宋僧人介殊有关。据史书记载，介殊有感于宝盖山位于晋江东南滨海风口、水口交接处，于是募缘兴建此塔，作为"关锁（风）水口"镇塔之用，故名关锁塔。

　　塔以花岗岩建造，结构独特，外观五层，实为四层，为空心楼阁式建筑。底层加围廊，塔门前建一石构方形单檐歇山顶门亭。塔高 21.65 米，虽不算高，但因为立于山顶，因此望去十分雄伟。

　　这座塔其实是一座航标塔。千百年来，关锁塔默默地立于宝盖山巅，为无数进出泉州湾的中外船舶指引航路，阅尽人间沧桑。以石塔作为航标，也成为世界航海史上的一大奇观。

石桥跨海，万古安澜

万安桥的秘密

洛阳桥位于泉州市洛阳江的入海口处，是中国历史上第一座跨海的梁式石桥。据史书记载，在此桥未建之前，旧时在此设有渡口，一遇到飓风大作，舟船沉没，死者无数。因此这个渡口取名"万安渡"，祈望万古安澜。

北宋年间，蔡襄来到泉州任郡守，首创了现代称之为"筏型基础"的新型桥基。洛阳桥的桥工们还发明了"浮运架梁"和"养蛎固基"两种巧妙的建桥技术。

架桥梁的漂浮术

先说"浮运架梁"。洛阳桥的桥墩、桥板全以花岗岩石为材，虽然坚固耐用，但是非常沉重，搬运起来十分不便。聪明的古人就发明了浮运架梁的办法。

这种方法是利用潮水涨落的高低位置，来架设石梁，以达到"激浪以涨舟，悬机以弦牵"的效果。古人预先将石梁放在木排上（或船上），趁涨潮之时，驰入两个桥墩之间。等待潮落时，木排下降，石梁便架于桥墩之上了。这也就借助波浪的涌动，完成了桥梁安装。你看我们的古人，多聪明啊！

邀请牡蛎来帮忙

再说"养蛎固基"。人们在所抛石块上大量繁殖蛎房,利用其繁殖力强、胶凝性好的特性,将江底石块黏合成坚固的整体基础。这种把生物学与桥梁建筑学相结合的固桥技术,在历史上也是首创。

洛阳桥建成后,蔡襄曾亲笔撰写并题书《万安桥记》碑刻立于桥头,全文仅有 153 字,此碑不仅文笔优美,书法端庄沉着,而且刻工精绝,被后人誉为文、书、镌"三绝"。

洛阳江以诸多先进的建桥技术,成为中国历史上的一项重要发明,载入世界桥梁史册,与卢沟桥、赵州桥、广济桥并称为中国古代四大名桥。

11 泉州安平桥

天下无桥长此桥

在泉州市晋江市安海镇与南安市水头镇交界的海湾上，有座建于南宋绍兴年间的古石桥，名叫安平桥（俗称五里桥），全长2255米，是中国现存最长的跨海梁式石桥，享有"天下无桥长此桥"的美誉。

安海港扼晋江、南安两地水陆交通的要冲，是泉州海外交通的重要港口之一。

建造安平桥时，桥基采用了一种当时先进的"睡木沉基"法，这是继洛阳桥"筏型基础"后的又一顶可贵创造。

"睡木沉基"的做法，也叫"卧椿沉基"。由于有些港道水深泥烂，抛石容易陷下散落，浪费大量石材。而"睡木沉基"的做法，则是在泥滩上将椿木平列分层交叉，然后垒压上大石条，随石条的加高，重量不断增大，木排便渐渐沉陷至港底的承重层，从而奠定桥墩的基础。

安平桥工程巨大，宏伟壮观，是我国著名的古长桥，在世界桥梁史上占有特别重要的地位。

安平桥桥面宽2.9米至4米不等，一共有360个桥墩，由条石纵横相间垒成，桥墩的形样也多种多样，有方形的，有单边船形的，也有船形的。桥面架1300多条石板。

12 莇田木兰陂

福建的"都江堰"

中国的五大古陂之一

木兰陂位于莇田市城厢区霞林街道林兰村，是始建于北宋时的一项古代水利工程。它是古代典型的拒咸蓄淡灌溉工程，也是中国现存最完整的古代灌溉工程之一，被誉为福建的"都江堰"，也是中国五大古陂之一。

木兰陂因建在木兰山下而得名。木兰溪干流全长 168 千米，其中莇田境内有 105 千米，是闽中最大的河流。受海潮顶托影响，古时木兰溪经常泛滥成灾，给沿岸人民带来灾难。北宋治平元年（1064 年）开始筑陂，几经周折，至元丰六年（1083 年）建成。

多功能的木兰陂

木兰陂全长约为 219 米，用巨大花岗岩石纵横迭砌的堰闸式滚水坝长 111 米，有陂墩 31 座、闸门 32 孔。南北两端各建一条导流石堤，引溪水分别通过"回澜桥"和"万金陡门"，注入莇田南洋、北洋平原，灌溉大片良田。

木兰陂呈东南、西北走向，采用筏型基础，用巨石砌筑拦河坝

陂由陂首和两岸水渠、防洪堤三部分组成。陂首由溢流堰、进水闸、冲沙闸、导流堤等组成。

闸。通过引流，将木兰溪水七分被引入南洋平原，三分被引入北洋平原。木兰陂的防洪堤可以说是它的延伸工程，具有防洪、挡潮、排涝等多重功效，是保护莆田南北洋平原的重要屏障。

综合来看，木兰陂是一项具备引水、蓄水、灌溉、防洪、挡潮、水运和养殖等多种功能的古代大型水利工程，2014 年被国际灌溉排水委员会列入首批世界灌溉工程遗产名录。

13 朱子文化史迹

为有源头活水来

福建来过大人物

朱熹（1130—1200），字元晦，号晦庵，生于南剑州尤溪（今福建省三明市尤溪县），是我国南宋著名理学家、思想家、教育家，闽学的代表人物，被后世尊称为朱子。

朱熹一生最大的成就是在学术和教育方面，他是宋代著名的理学家"二程"（程颢、程颐）的三传弟子李侗的学生，他也被后人与二程合称"程朱理学"。他也是唯一一个并非孔子亲传弟子而得以享祀孔庙，位列大成殿十二哲者中，受儒教祭祀。

朱熹虽然祖籍徽州婺源（今江西省上饶市婺源县），但他自称"居闽五世，遂为建人"，他一生中绝大多数的时间都生活在福建，尤其以闽北居多。

"天风海涛"在山间

绍兴十八年（1148 年），朱熹考中进士，此后，到建阳、顺昌、邵武一带游历。乾道六年（1170 年），朱熹筑书院于建阳云谷山，名为"晦庵草堂"。淳熙十年（1183 年）四月，在武夷山四曲溪畔筑武夷精舍。从此隐屏峰下，九曲溪畔，留下众多朱熹足迹。之后，朱熹受福建安抚使赵汝愚邀请前往福州，与赵汝愚游鼓山，留下"天风海涛"等摩崖石刻，又游于山，留下"清隐"题刻。

绍熙元年（1190 年），朱熹任漳州知州，刊刻《四子》（《四书》）于漳州。第二年，朱熹卸任漳州知州，来到建阳，并在考亭买旧屋修缮。而后他在考亭居所的旁边建了竹林精舍，不久将其改名为沧州精舍。

800 多年前，大儒朱熹在尤溪诞生。朱熹的理学思想、教育思想对中国乃至世界产生了重要且深远的影响，朱熹也将福建的思想文化推向了历史高峰。

如今在尤溪，精心打造的朱子文化园成为人们了解朱熹、研究朱熹的必到之处，亦成为闽中腹地一处具有浓郁朱子文化氛围的旅游胜地。

触摸沉睡海底的历史

水下考古的摇篮

中国东海至南海海域,是历史上海上丝绸之路的重要航段。20 世纪 90 年代开始,随着中国水下考古的兴起,考古人员先后在福建平潭、莆田、漳州等海域,发现了多处自五代至清代各个历史时期的水下历史文化遗存和沉船遗址,这其中,连江定海"白礁一号"沉船遗址是比较重要的一个发现。

白礁是连江县定海半岛东北部的一个荒芜岛礁。1989 年,福建水下考古人员在白礁南侧发现了一艘宋代沉船遗迹。在此后的十余年间,考古人员多次开始对"白礁一号"遗址进行调查、勘探和发掘,终于探清了这艘沉没海底近千年的古船的真实面貌。

考古人员在古船上发现了大量的瓷器,成堆成摞,较整齐地

分布于龙骨两侧。在这些陶瓷器中，最多的是黑釉盏，其次是一些青白瓷碗。黑釉盏形制变化不大，釉色总体呈黑色，但又呈现酱色、酱黑、酱褐等深浅不一的颜色。从胎、釉、造型来看，黑釉盏应该是闽江下游窑址的产品。

重现海丝遗珍

平潭海域是福建沿海水下考古工作的重要地区。几百年前的元代，一艘满载着龙泉窑瓷器的贸易商船在运往海外的途中，在平潭大练岛、小练岛之间海域沉没。

2007 年深秋，考古队在平潭大练岛附近海域开展艰难的水下打捞工作。经过 20 余天的艰苦工作，水下考古队员们对大练岛元代沉船遗址的残存遗迹、遗物进行了全面的水下考古发掘与采集，这艘深埋于海底几百年的元代贸易船上的珍贵龙泉窑瓷器等宝贝，被一一带上了岸，古代海上丝路的遗珍重现。

出水遗物绝大部分是陶瓷器，以青瓷为主，器类主要有碗、大盘、洗、小罐等。这批青釉瓷器制作精美，特征鲜明，瓷器表面釉层较厚，釉色以青绿为主，是典型的元代龙泉窑产品。

15 漳州圣杯屿元代沉船发掘

一场台风刮出水下宝藏

台风带来的惊喜

许多考古发现源于偶然，圣杯屿元代沉船也是如此。

圣杯屿位于漳州市漳浦县古雷半岛东南海域中，菜屿航道西南侧这一带暗礁丛生、潮汐变幻莫测，是船只事故多发区。700多年前，一艘满载龙泉窑瓷器的货船，沉没在漳州圣杯屿的海域中，从此深埋大海。

> 菜屿航道是古代海上丝绸之路要道，直到今天依然是船只南来北往的通道。

沉船的发现，说来与一场台风有关。

2010年10月，第13号台风"鲇鱼"在古雷半岛附近海域登陆，附近村落渔民的养殖箱沉入海底，渔民雇请的潜水员在打捞养殖箱时发现了零星瓷器。文物部门很快追查到沉船位置在圣杯屿附近海域，并通报当地相关部门，安排专人守护。

古船迷案

这艘沉睡了数百年的古船究竟是什么样子？装载有哪些物品？它因何沉没？为了探明这些被波涛"掩埋"的历史，考古队自 2014 年起先后三次对圣杯屿水下海船遗址展开调查和发掘。

通过调查，考古人员确定了圣杯屿沉船具体坐标，共发现 6 道隔舱板，采集标本以青釉碗、盘为主，少量洗、碟、高足杯等，均为元代龙泉窑产品。

漳州面临台湾海峡，"雄踞海滨"，海上航线四通八达，是海上丝绸之路的重要航段，留存下了许多海上丝绸之路的文化遗产以及辉煌记忆。水下考古让这些遗落在海底的颗颗明珠重现光芒，也证实了漳州曾是海上丝绸之路的一个重要节点。

宋代丝织品大发现

操场底下的古墓

1975 年 10 月，福州第七中学在扩建操场时发现一座古墓，且墓葬外观已被破坏。当时的福建省博物馆闻讯后，派考古人员前往清理发掘。

墓葬位于福州市北郊的浮仓山北坡之上，原来是一座孤突于闽江下游沉积平原上的小山丘。从墓中挖出了墓志、买地券和相关的文献记载，从而得知该墓为南宋宗室赵与骏同他的原配黄昇、继室李氏的合葬墓。墓的左、中两圹早年曾遭盗扰，但幸运的是，埋葬黄昇的右室保存完好，里面出土了大量的随葬品。

丝织品大丰收

黄昇墓共出土金银器、漆器、铜器、竹木器、角器等文物 436 件，其中成件的服饰及丝织品共 354 件。依据功用、款式，这些丝织品可分为袍、衣、背心、裙、裤、鞋、袜、香囊、荷包、佩绶等服饰及

整匹织品或剩料。织物的品种有罗、绫、绮、绢、纱、缎等。装饰工艺有刺绣、彩绘、印花、泥金、印金、贴金等，纹饰以花卉为主，如牡丹、芙蓉、山茶、荷花、菊花、梅花、海棠等，还见有蝴蝶、鹭鸶、锦鸡、仙鹤、鸾凤、狮子、鱼、鹿等动物及婴戏图案。

　　黄昇墓出土的丝织品不仅保存良好，而且数量大、种类多、工艺精湛，是福建考古工作重要的发现之一，就全国范围来说，也是宋代丝织品考古发现的一大丰收。它们为研究中国古代纺织史，以及印染、刺绣、纹样、服饰等科学技术发展史提供了非常珍贵的实物资料。后来《中国服装史》一书出版，在谈及宋代服饰时，曾专门对福州黄昇墓出土的服饰逐一介绍。

黄昇墓出土褐色罗镶
彩绘花边广袖袍

百兽之王

1974 年，在福州市北郊发现一座石构古墓，据此墓的规制及随葬品分析，该墓主人可能是闽王王审知的后代。现藏于福建博物院的寿山石雕虎就出自这座墓中，现为国家一级文物。

在中国古代文化中，虎为兽中之王，是威严与权势的象征。此外，在民间的印象里，老虎又是吉兽，可以镇宅驱邪。所以在古代的墓葬中，常将虎的形象绘于墓壁、墓门之上，或是制成老虎形的陶俑作为随葬品，以达到镇墓驱邪的效果。

这件北宋时期的寿山石雕虎形象雄健威猛，造型和细部刻画都很到位传神，堪称宋代寿山石雕的精品之作，是研究、欣赏宋代寿山石雕的珍贵实物资料。

它长 11 厘米，宽 4.7 厘米，高 7.5 厘米。用寿山老岭石为材雕成，色泽呈青黄色。虎为卧式，大口紧闭，双目圆睁，有种不怒而威的感觉。虎的两只前爪盘叠，虎身琢有几道双线纹，象征着虎身的斑毛，虎尾巴向右前弯曲贴于右后爪边，整件器物造型形象生动，雕刻技法简练，望去栩栩如生。

北宋寿山石雕虎

福建明清时代的考古主要集中在古陶瓷和水下考古，发掘的古遗址不多，主要都是配合基建进行的发掘。在遗址方面，以宗教遗址、城市建设为特色。

　　福建因位于沿海，古代沉船颇多，随着近年来水下考古的兴起，福建迅速成为中国水下考古的摇篮，重大考古发现屡见不鲜。而大多兴建于明清时期的土楼、土堡等极具福建地域特色的民居建筑，近年来更是引起世界瞩目，福建土楼也因此入选世界文化遗产。厦门鼓浪屿岛上风格各异的外国建筑则因浓郁的国际化特色，最终使得鼓浪屿得以"历史国际社区"的名义同样被列入世界文化遗产名录。

明清时期

01 田螺坑土楼群

"四菜一汤"

形象的名字

> 入选的世界遗产点分布于永定、南靖、华安三个县(区),共计46座土楼。

2008年,福建土楼入选世界文化遗产名录。这其中,被称为"四菜一汤"的南靖田螺坑土楼群是特别耀眼的一组土楼建筑。

田螺坑土楼群由5座土楼组成,中间1座是方楼,围绕四周的是3座圆楼和1座椭圆形楼。5座土楼簇拥在一起,依山势起伏,高低错落。人们在观赏土楼群时,随着观看角度的不同,景观也在不断的变化:圆楼时而在前且不停地旋转,方楼时而隐蔽、时而显露。在坡底公路上看,5座土楼层层叠叠,显得庄严肃穆、巍峨壮丽。如果到了高坡上再往下看,位于谷底的这5座土楼一方四圆,又酷似餐桌上的菜盘,所以当地人就给它们取了一个很形象的名字"四菜一汤"。

这5座土楼主要是清朝时建的。最早建造的是方形的"步云楼",始建于清嘉庆年间。随后,"和昌楼""振昌楼""瑞云楼""文昌楼"4座土楼也陆续建起,最终就成了"四菜一汤"。

坚固的奇迹

福建土楼是中国民居建筑中的一朵奇葩。千百年来,夯土建屋一直是中国传统的建筑方法,而福建土楼在夯筑时,又对这种传统的建筑技术进行了创造性的改进。他们在夯筑生土时，在土中掺入了石灰、红糖水和糯米浆作为黏合剂，这在水泥等现代建材还没有出现的年代，是非常了不起的发明。同时，在夯筑的过程中，他们又在土中逐层加进竹片、木条和碎瓦作为筋骨，使得土墙更加坚固。

正是用这些随地可取的泥土、竹木、瓦砾等简易材料，用了最简单易行的夯筑方法，建成的土楼无论是方是圆，都异常牢固，不惧风吹雨淋，而且具有极强的抗震性，历经数百年却依然安然无恙，创造了建筑史上一个不小的奇迹。

≋ 知识链接 ≋

关于田螺坑土楼群，还有一个更有意思的传闻。据说当年美国的间谍卫星拍到了它们的照片，美国军方还以为是中国藏在深山里的一个秘密导弹发射基地，于是派了一个人以观光客的身份来现场探查。他到了现场一看，还有不少老百姓在土楼里面生活，所谓的导弹发射基地的谣言也就不攻自破了。

02 华安二宜楼

世界现存最大圆土楼

福建土楼名闻天下，但如果有人问你，在这些土楼中，哪一座是最大的？你该如何回答？

现在告诉你答案：世界现存最大的单体圆土楼，名叫二宜楼，位于漳州市华安县仙都镇大地村。

二宜楼建于清代乾隆五年（1740年），距今已有近300年历史。它占地面积近万平方米，为双环圆形土楼，外环4层，高近16米，外墙的厚度接近3米，整座圆楼的直径达到73.4米。

这座土楼背依蜈蚣山，山势逶迤，层峦叠翠，林木蓊郁。楼前视野开阔，近有龟山作案，远有九峰如屏，山青水秀，藏风聚气。土楼与环境有机融合，构成理想的生态格局。

　　而土楼内部，共分成 16 个单元，有 200 多间房间。在建筑平面与空间布局上，单元式与通廊式有机结合，井然有序，构思严谨。在楼内空地上还凿了两口水井，供生活在楼内的人们汲水饮用。两口井相距不远，分别命名为"阴泉"和"阳泉"，组成了太极的阵形。有意思的是，就算井外温度一致，两口井内的水还是会相差 1 摄氏度。

　　"二宜楼"的名字也取得十分响亮，土楼门口的"二宜楼"匾已被收入《中华名匾》一书。关于这个"二宜"，有多种解读，有说是宜山宜水的，有说是宜子宜孙的，也有说是宜文宜武的，不一而足，总之都是非常美好的寓意。

　　华安二宜楼因其规模宏大、设计科学、布局合理、保存完好而闻名遐迩，成为圆土楼民居建筑的杰出代表，享有"土楼之王""神州第一圆楼"等美誉。

三群两楼

　　永定土楼众多，素有"三群两楼"之说，"三群"即初溪土楼群、洪坑土楼群和高北土楼群，"两楼"即振福楼和衍香楼。"三群两楼"各具特色，其中"三群"中的洪坑土楼群特别值得一说。

　　洪坑土楼群位于龙岩市永定区湖坑镇东北面的洪坑村，因而得名。洪坑土楼群的一大特点是造型丰富，是福建土楼中建筑种类、风格最多的土楼群。遗存至今的土楼有正方形、长方形、圆形、半月形、五凤形及其他变异形式，其中以振成楼和如升楼最具特色。

　　振成楼占地 5000 平方米，为悬山顶抬梁式构架，分内外两圈，形成楼中有楼、楼外有楼的格局。外圈 4 层，每层有 48 间房

间，按八卦形式设计，每卦6间。卦与卦之间以拱门相通。楼内有一厅、二井、三门和八个单元。楼内还设有一个祖堂，如同一个舞台，台前立有4根长近2米、高近7米的大石柱，舞台两侧上下两层30间房圈成一个内圈。

振成楼的设施布局既有苏州园林的印迹，也有古希腊建筑的特点，堪称中西合璧的建筑奇葩。

如升楼是永定众多土楼中小巧玲珑的土圆楼，俗称"米升楼"。这座楼建于清光绪二十七年（1901年），据说楼主林高林原先缺少住房，后得一梦，梦见一轮红日下落洪坑村。他受此启发，认为在此地建房甚好，于是筹措资金，自己出工挑土，用了3年时间建成此房，并将楼命名为如升楼。楼为单圈结构，楼周长只有56.6米，直径为18.2米，屋内天井圆形，屋顶瓦面内侧连缘为八卦形，外侧边缘为圆形。

04 大田土堡群

琴瑟和谐琵琶堡

沉睡在山间的土堡

福建的乡村建筑颇具特色。如果说闽南、闽西是以各种土楼为著的话，大田一带，则以一种叫土堡的建筑闯出了名声。

在福建大田县境内，大概从明代开始，各村建造土堡已成一种风俗，土堡成为当地最主要的一种民居风格。据说最多的时候，大田县境内有大大小小的土堡上千座。一座土堡内少则十几户，多则几十户，有几十、上百号人居住在里面。

这些土堡形态独特，风格各异，而且土堡的规模都很宏大，建筑也非常考究，具有很高的文物价值。但是过去因为交通的原

因，外人很少来到这里，以至于这些土堡一直未被重视，可以说是沉睡在大山里的明珠。

有趣又有用的琵琶堡

大田土堡群包括琵琶堡、芳联堡、安良堡、泰安堡、广崇堡5座单体土堡，分布在大田县境内的建设镇、均溪镇、桃源镇、太华镇等地。这其中，最吸人眼球的无异是位于建设镇建国村澄江自然村的琵琶堡。

琵琶堡始建于明洪武年间，是在元代祖祠的基础上扩建而成。因其建在一座独立的山岗上，建筑平面依地势呈琵琶形，所以有了这个好听的名字——琵琶堡。

琵琶堡整体坐西朝东，由堡前小道、排水沟、前坪、小方池、围合堡墙、主楼（祖堂）、后楼、三圣祠等组成。底层用大块石头逐块砌建，墙基高3米，由毛石砌筑，按一定的土石高比例涂面，以防范水和风雨的侵蚀。堡墙则用含有石英砂粒的黄土夯筑而成，高达9米，属于古代典型的以防御为主的堡垒式建筑。

05 培田传统村落

民间故宫，客家庄园

三水汇村流

在龙岩市连城县，有个拥有"福建民居第一村""客家庄园""民间故宫"美称的村落，叫作培田村。

在培田，河源溪在此纳三溪清水，像一条"银腰带"从北、东、南三面绕村而过，形成了"玉带环珠"的格局。

为什么称培田村为"民间故宫"呢？因为它的传统建筑吸纳了北京四合院庭院建筑的结构，采用中轴线对称布局，厅与庭院相结合，从而构建了这样一种大型的民居建筑。

迎来送往的大屋

在培田村众多民居建筑中，以官厅最为著名。官厅又称"大屋"，据传因屋主吴氏曾在此接官迎宾而获"官厅"之名。

官厅是一座典型的九厅十八井中轴对称式古民居，占地面积约6000平方米。其院坪宽敞，门楼气派，飞檐翘角，古朴沧桑。整个构造由水塘、外坪、外门楼、内坪、内门楼、"三堂两横"加后楼组成。庭院纵深长达100米，呈五进式，共有11个厅堂、32个天井和院落，近百个房间。外大门前有石狮、石鼓和石桅杆，门楣上书"业继治平"。内大门前的雨坪有300多平方米，门楣上书"斗山并峙"四字。

官厅布局独特，设计精巧，雕梁画栋，流光溢彩，其核心部位正厅，有着浓郁的客家人文气息，既体现了大户人家的富丽堂皇，又散发着书香门第的儒雅精致。

闽西门户

最美丽的山城

闽西的长汀旧称汀州，地处武夷山脉南麓，南邻广东，西接江西，自古就是闽、粤、赣三省边陲要冲，有"福建的西大门"之称。

> 在现代革命史上，长汀也有着光荣的传统，这里是"红旗跃过汀江"、中国工农红军开始长征的地方。

长汀又称汀州府，是客家人聚居的第一座府治城市，被誉为"世界客家首府"，又因长汀自然景观与人文传统融于一城，有"中国最美丽的山城"之称。

千姿百态的城门

如今走进长汀，处处仍能让人感受到古城的气息。首先跃入眼帘的，一定是那始建于唐代的古城墙。

据史籍记载，汀州古城墙始建于唐大历四年（769年），北宋治平三年（1066年）扩建，城墙周长"五里二百五十步"，开有6座城门。明洪武四年（1371年），土城包以砖石，明崇祯年间（1628—1644），又将原州、县城墙合一，扩大城池，将城墙长度增至5000余米，设有12个城门，"枕山临溪为城"，形成"山中有城，城中有水"及"佛挂珠"的独特格局。

在众多城门中，朝天门是名气最大的一个，旧称东门。明洪武四年修葺时，以砖石砌之，上有门楼，门固楼高，形势雄伟，故名朝天门。清代时重修朝天门，城楼建于城门高台之上，层层飞檐，凌空高翥，"东翘舒啸"成为汀州城胜迹之一。

宝珠门则位于南大街，因南朝珠峰，故得名玉珠门。门分为内外两重，形制特殊，至今仍保存完整，人们习惯称之为"宝珠门"。

今三元阁门楼是最古老的城门，原名鄞江门，后改为广储门，是唐朝大历年间汀州刺史陈剑迁徙州治建筑土城时的城门，历代均有修缮，清代为三层城楼，阁基是原古城门，用方块石条堆砌，上边用城墙砖砌成，翘角飞檐，甚为壮观。

﹏ 知识链接 ﹏

客家人又称客家民系，是中国广东、福建、江西等地的汉族民系，也是世界上分布范围最广、影响深远的民系之一。"客家"这一称谓源于东晋南北朝时期的给客制度和唐宋时期的客户制度，移民入籍者皆编入客籍，客籍人就称为客家人了。

07 崇武古城

闽南八达岭

惠安女的奇衣裳

　　初次来到泉州市惠安县崇武古城这座闽南滨海小城的人，都会被这里奇特的自然和人文景观所深深地吸引——神奇迷幻的山海景观，巍峨雄浑的石砌古城，风情独特的惠东妇女，巧夺天工的石雕艺术……

　　惠安初始被世人熟知，首先是因为惠安女那奇特的服装和打扮：头戴黄斗笠，脸上包着花头巾，只露出眉眼和嘴鼻；上穿湖蓝色短衫，下着宽大黑裤，赤着脚。以至于有人还编了一首顺口溜："封建头，民主肚；节约衣，浪费裤。"

丁字形的古城

这里还有被誉为"闽南八达岭"的崇武古城。

崇武古城位于惠安县崇武半岛东端，突出于台湾海峡之上，北与莆田的南日、湄洲，南与石狮的永宁、祥芝互为犄角，当南北航道要冲，控兴（化）泉（州）两府咽喉，因而成为历代兵家必争之地。

古城始建于明朝洪武二十年（1387年）。明初，中国东南沿海一带经常遭到倭寇侵扰，为防御倭寇，安定民心，明朝政府北起山东蓬莱，南至广东崖海，修建了60多座卫城和所城，构成了一道与北疆长城相互呼应的东南沿海防线。崇武古城就是这其中的一座，古城南门面向大海，峭壁间勒有"海门深处"四个大字。

崇武，取崇尚武备之意。崇武古城是中国现存最完整的丁字形石砌古城。古城墙依山就势，呈自由式布局，攻守兼备，古城墙、窝铺、月城、城门楼、烟墩、中军台、演武场以及古城内独具特色的道路系统，构成了古代完整的沿海军事战略防御体系，融防、守、住为一体，具有极强的军事防御功能，有"闽南八达岭"雄关美称。

在造城艺术上，不同于西安、平遥、江陵等古城，崇武古城全部由花岗岩石条砌筑。不仅城墙如此，古城内部街巷及城内民居大部分也由石条砌筑，结构、材料和施工工艺代表了当时当地的建筑成就。

08 郑成功墓

民族英雄魂归故里

在中国古代史上，郑成功是耳熟能详的民族英雄，是从荷兰殖民者手中收复宝岛台湾的大功臣。他是福建南安人，是福建人的骄傲。

> 郑成功一生最伟大的功绩是收复台湾，驱逐荷兰侵略者和大规模开发台湾。

郑成功（1624—1662），本名森，字明俨，号大木。隆武帝非常欣赏他的才华，即赐他与国同姓，易名"成功"，封御营中军都督，授尚方宝剑，仪同附马，百姓尊称他为"国姓爷"。

清顺治十八年至十九年（1661—1662），郑成功挥师东渡收复台湾。他在何斌领航下，利用海水涨潮的时机，驶进了鹿耳门，登上台湾岛。经过激战，荷兰侵略军惨败，龟缩在两座城里不敢应战。郑成功遂采用切断赤嵌城水源的方式，迫使盘踞在赤嵌城里的荷兰人投降。清顺治十九年（1662年），郑成功将荷兰侵略者赶出了台湾。

可惜的是，在收复台湾之后不久，郑成功就因病逝世于台湾，葬于台南洲仔尾。清康熙三十八年（1699 年），诏令郑成功及其妻董氏、其子郑经和媳唐氏的灵柩归葬大陆南宋祖茔。

郑成功的陵墓在今南安市水头镇橄榄山麓，占地面积约 1000 平方米，风景优美，为海内外游览和祭拜"国姓爷"的好地方。墓为家族合葬墓，坐东南朝西北，内分三排九室。前排中室为郑成功之子郑经墓，二排中室为郑成功墓。墓前有夹杆石九对，八角形石质华表一对。虽然是家族合葬墓，但由于郑成功闻名于天下，人们习惯上将这里统称为"郑成功墓"。

壶中妙手称第一

花布里的紫砂壶

1987 年 7 月，漳浦县盘陀乡一座古墓被盗，正在当地参加文物调查的厦门大学师生数人和漳浦县文化馆工作人员随即赶往现场进行抢救发掘。

古墓处于山间，从散落路旁的石马、石羊等石象生来看，已然有些破败的气息。考古人员从墓中挖出一块青石墓志，在现场释读之后，得知墓主人名叫卢维祯，是漳浦人，官至户部、工部侍郎，死后被追赠为户部尚书。

当时，考古人员从墓主人头部附近取出一个蓝印花布包裹，打开发现里面是件紫砂壶。这件紫砂圆壶并不很大，通高 11.5 厘米，腹径 10.9 厘米、口径 7.63 厘米、底径为 7.58 厘米。器形很规整，丰肩鼓腹，曲流圆柄，平底圈足。口盖准缝严密，盖顶略平。通体栗红色，满布梨皮状白斑点，宛如夜中繁星。令人称奇的是，盖顶倒立三个鼎足以取代钮，使整个壶看去如同覆鼎状。其实它的妙处在于，将盖子倒放，就成为一个水杯了，这是一物多用！

明"时大彬制"款紫砂壶

大师的杰作

这个紫砂壶初看上去似乎并不起眼，但让人没有想到的是，它其实是一件难得的国宝。

在壶底，人们发现刻有"时大彬制"四个楷书字。原来，这件紫砂壶还是被称为明代"三大壶中妙手"之首的时大彬的作品！

据文献记载，时大彬号少山，是制壶名家时朋之子，与李仲芳、徐友泉同称明代天启年间"三大壶中妙手"。时大彬制作的紫砂壶，早在明代就享有盛誉。他以构思奇巧、工艺精致、制作严谨而名传天下，人称"千奇万状信手出""宫中艳说大彬壶"。

流传下来的明代紫砂壶精品本就稀少，大彬壶更是凤毛麟角。据说传世只有十几件，考古发掘所出的大彬壶尤其珍贵，也只有 4 件而已。其中 3 件出土于时大彬的家乡江苏，唯一在外省出土的，就是漳浦发现的这一件，而且还是考古出土的大彬壶中年代最早的一件。

让人更惊奇的是，这件紫砂壶出土时，壶内还满满地保存着一罐茶叶，经鉴定是福建的武夷岩茶。这壶岩茶也成为考古出土的最古老的武夷岩茶干茶样品，现已被中国茶叶博物馆珍藏。

10 闽东北木拱廊桥

古代桥梁建筑的"活化石"

木拱桥的故事

北宋画家张择端的名画《清明上河图》中,绘有一座横跨汴水的木结构拱桥。这座拱桥其实叫虹桥,特点是"以巨木虚架""无柱",是中国桥梁史上非常著名的木拱桥的代表。

这种木拱桥随着宋室南迁逐渐在北方绝迹,学术界一度认为这种技术已经失传。但是自 20 世纪 80 年代以来,人们惊喜地发现,在闽东北、浙西南一带的崇山峻岭间,仍然保存着众多和汴水虹桥一样具有"编木"拱架结构的木拱廊桥。

这种木拱廊桥,比木拱桥多了一个"廊"字,指的是在木拱桥上加盖了一个廊屋,一来是可以为行人以及桥身承重木结构遮挡风雨,二来还能起到平衡应力、稳定结构的作用。这种木拱廊桥是中国古代劳动人民的一项独到的创举,在世界桥梁史上绝无仅有。

活化石般的虹桥

建造木拱廊桥的技术含量极高。它是以梁木穿插、别压形成拱桥,桥的两端支撑在两岸岩石上,桥底座由数十根粗大圆木纵横拼接对拱而成"八字结构",不用钉铆,而是靠自身的强度、摩擦力和所成角度、水平距离等条件巧妙拼接,是一种"河上建桥、桥上建廊、以廊护桥、桥廊一体"的古老桥梁形式。

从外形上看,木拱廊桥形似彩虹,故又称虹桥,堪称我国古代桥梁建筑的"活化石"。

我国现存的列入全国重点文物保护单位的木拱廊桥有 100 多座,主要分散在山高林密、谷深涧险的闽东北和浙西南一带,有单孔桥、多孔桥等几种形式。其中,福建占 70% 以上,并主要集中在闽东的寿宁、屏南、周宁及闽北政和几个县市。闽东的木拱廊桥,以其悠久的历史、精湛的技艺,在中国桥梁史上占据着重要的地位,被著名桥梁专家茅以升先生称为中国桥梁史上的"侏罗纪公园"。

11 武夷山下梅村

万里茶道的起点

茶叶旅行的起点

400多年前，当满载茶叶的商队络绎不绝地从武夷山那一片碧水丹山之间逶迤而出，翻山越岭，淌水过河，穿越茫茫沙漠戈壁，一路向北，行程达万里之遥，一直抵达欧洲大陆时，或许当时的人们从未想过，这条横跨亚欧大陆的国际贸易古通道会被后人称为"万里茶道"。

这条万里茶道的起点，就是今武夷山下、距武夷山市区仅几千米远的下梅村，它与一山之隔的江西省铅山县河山镇一起，被誉为"万里茶道第一点"。

伟大的茶叶之路

　　下梅村因地处梅溪下游而得名。在清代康熙、乾隆年间，这里就已是武夷山地区热闹的茶市，迄今仍保留着具有清代建筑风格的古民居 30 多幢。

　　来自武夷山的茶叶从下梅村出发，翻山越岭，经水陆交替运输，来到武夷山的另一边——河口镇（今江西铅山）。在这里登舟，沿水路进鄱阳湖，再溯长江上行，到达武汉三镇的汉口。在汉口进行分装，又沿汉水北上至襄阳，过唐河，一直朝北运至河南赊店。再换陆路驮运北上，过洛阳、晋城、长治，到祁县，之后继续北上，经太原、大同至张家口，到达归化（今呼和浩特）。在归化，换驼队行进到达库伦（今乌兰巴托），之后再抵达中俄边界城市恰克图，茶叶在此贸易之后再分送到俄国的各大城市，最远到达波罗的海沿岸的圣彼得堡。

这条万里茶道，俄国人称之为"伟大的中俄茶叶之路"，它是继丝绸之路衰落后大亚欧大陆上兴起的又一条国际商路。而这条伟大的万里茶道，它的第一站就在武夷山下一个原本不起眼的小村落——下梅村！

〰️ 知识链接 〰️

　　在武夷山的九龙窠景区的悬崖峭壁上，生长着 3 棵大红袍母树，已有近 400 年历史，现在作为古树名木被列入世界文化遗产名录。因为产量有限，大红袍母树被誉为中国最名贵的 3 棵树之一。在古代，这几棵茶树上采的茶叶制成的茶，都要进贡给朝廷，可见其珍贵性！

　　从 2006 年起，武夷山市决定停采留养母树大红袍，从此不再用这 3 棵茶树生产制作茶叶，大红袍母树茶叶已成绝品。2007 年时，用前一年采摘的母树茶叶制成的 20 克大红袍母树茶叶，被当成文物赠送给中国国家博物馆珍藏，成为被尘封的历史。

12 林则徐宅与祠

屋因居而不朽

中华民族英雄

左海伟人林则徐影响了中国近代历史，是福州人的杰出代表。在近代中国的大变局中，中华民族英雄、世界禁毒先驱、"开眼看世界的第一人"林则徐（1785—1850）无疑是一位举足轻重的人物。

林则徐堪称中国近代文明曙光喷薄欲出之时引领潮流的代表性人物。1839 年，林则徐在广东虎门威震全球的销烟壮举，维护了国家的主权和民族的尊严，揭开了近代中国人民反抗外来侵略斗争史的第一页。

林则徐又是中国近代维新思想春潮涌动的先驱。他竭力打破以"天朝"自居的妄自尊大和闭关锁国的保守思想，积极了解并介绍西方情况，吸收新事物，成为近代中国"开眼看世界的第一人"。

林公遗迹在榕城

福州作为林则徐的故乡，是他出生、求学、成长以及晚年退养之地，留有一系列与其相关的珍贵遗迹。

在福州市鼓楼区散落着三座最具代表性的林则徐遗迹——

林则徐出生地暨幼年读书处、林则徐故居和林则徐纪念馆（原名为林文忠公祠）。作为民族英雄林则徐的出生学习之地、归田栖息之地和纪念传承之地，它们承载着林则徐的崇高精神和非凡魅力，成为榕城林则徐遗迹的典型代表，也是世人纪念这位先贤的重要场所。

林则徐出生地位于鼓楼区中山路 19 号，由两座并排木构建筑组成，西为林家支祠，东为罗氏试馆，是林则徐出生、幼年读书、中举、完婚、中进士和走上仕途的地方。

林则徐故居位于鼓楼区文北路，又名"云左山房"，内含主座三进，东西各两进，由"七十二峰楼""挹斗楼"等组成。林则徐为其父母丁忧守制、回乡探亲以及晚年养病时均居住于此。

林则徐纪念馆是福州古厝的典型代表，位于鼓楼区澳门路 16 号，始建于 1905 年，是林氏后裔及福州乡贤为纪念林则徐集资兴建的，前半部为屏墙、仪门、御碑亭和主座祠厅树德堂，后半部为南北花厅、曲尺楼和园林。

13 严复故居与墓

开启民智的一代宗师

严复（1854—1921），原名宗光，字又陵，后改名复，字几道，福建侯官（今福州）人，是近代极具影响力的启蒙思想家、翻译家、教育家，也是中国近代史上向西方国家寻找真理的"先进的中国人"之一。

> 严复翻译了《原富》《原强》《天演论》《法意》《穆勒名学》等论著。

福州共有两处严复故居。一处是坐落于福州市仓山区盖山镇阳岐村几道巷的严复祖宅。祖宅建于清代，为二进四扇木结构民

居，第一进由门廊、天井、左右披榭、大厅、前后房组成，第二进格式与首进相同。"门前一泓水，潮至势迟迟。"这是严复在《梦想阳岐山》中的诗句。严复幼年丧父之后，举家从台江苍霞洲迁回阳岐，即住此处。阳岐的严复故居被称作"大夫第"，原先古厝里不仅有大量精美灰塑和木雕，还有各种匾额，包括"大夫第"的匾额。另一处则是严复晚年的居住地，位于福州市鼓楼区郎官巷。

严复墓位于福州市仓山区盖山镇阳岐村鳌头山北麓，清宣统二年（1910年）始建，墓碑为青石刻制，前为石供桌，两边为卷书式石围屏，围屏两端立一骑士青石盘龙柱，墓靠背及护臂为双重花岗岩砌筑，第二层墓埕有白花岗岩横屏，墓四周是石砌围墙，正面开两门，上为花岗岩歇山顶。

中国近代海军的摇篮

马尾船政的故事

福建船政建筑群位于福州市马尾区。清同治五年（1866年）清政府在马尾设总理船政衙门，办厂造船，先后建造了数十艘新式舰艇，并组成船政水师；与船厂同时创办的马尾船政学堂，培养了大批海军和其他各类人才，成为中国近代工业和海军的摇篮。

19世纪60年代初，清朝统治集团中的部分有识之士，提出兴办"洋务"，也就是学习、兴办西方资本主义国家的工、商、金融等实业来富国强兵。在左宗棠、沈葆桢等一批官员的主持下，清政府开始在具有独特地理优势的马尾设厂造船，兴办学堂，这就是在中国近代史上有着深远影响的"马尾船政"。

轮机厂内用铸铁支架承载屋面，安装有移动吊车，是船政所属的十三厂中唯一保留完整的厂房。

了不起的绘事院

福建船政建筑群现存有绘事院（设计、绘图）及合拢厂、轮机厂、一号船坞、铁胁厂以及民国初年建造的钟楼等重要建筑物或构筑物。其中，一号船坞和二号船坞是当时远东地区最大的船坞，这里的造船厂轮机车间是中国造船史历史最久的，这里还有世界上现已罕见的飞机滑道和当时被称为"中国塔"的罗星塔等遗迹。

绘事院及合拢厂建于清同治六年（1867年），法国式双层砖木结构建筑，占地1689平方米，上层为绘事院，下层为合拢厂（安装车间）。一号船坞又称青洲石船坞，清光绪十九年（1893年）竣工。船坞用花岗石垒砌，坞口设有水闸，是当时远东最大的船坞。

15 鼓浪屿历史国际社区

海上花园

鼓浪屿的诞生

鼓浪屿原名"圆沙洲",南宋时命名为"五龙屿"。鼓浪屿这个名字的由来,据说是当时在岛西南有一个海蚀岩洞,因日夜受海浪冲击,声如擂鼓,故而从明代开始,这座岛就有了"鼓浪屿"这个优美的名字。

鼓浪屿岛其实并不大,面积只有 1.88 平方千米,与厦门岛隔海相望,岛上至高点为日光岩,又名晃岩,因"晃"字拆开就是"日光"两字。岛上海礁嶙峋,岩线迤逦,山峦叠翠,峰岩跌宕,向以风光旖旎而闻名,有了"海上花园"的美誉。

或许你也听过这样一首优美动听的歌曲《鼓浪屿之波》:"鼓浪屿四周海茫茫,海水鼓起波浪,鼓浪屿遥对着台湾岛,台湾是我家乡……"

万国建筑博览会

在鼓浪屿岛上,著名的景点除了日光岩之外,令人津津乐道的还有遍布鼓浪屿岛的那些充满异国风情的建筑了。

鸦片战争之后,1842 年 8 月,清政府和英国签定不平等的《南京条约》,厦门成为被迫开放的五个通商口岸之一。1902 年,中国政府被迫同日、美、德等签定《厦门鼓浪屿公共租界章程》,鼓浪屿被列强正式明确为公共租界。英、美、德、日、西班牙、荷兰、奥地利、挪威、瑞典、菲律宾等国都曾在岛上设立领事馆，创办教堂、学校、医院和洋行。

如今鼓浪屿岛上的建筑，有 70% 左右是二十世纪初至二三十年代建造的。除外国人及华侨建筑外，有些本地的名人、富户，也往往会请外国的设计师设计图纸，或模仿周围房屋形式，建造具有异域风情的房屋。经过精心规划设计，鼓浪屿岛上建筑错落有致，造型各异，异域风情与闽南风格交相辉映，相映成趣。

正因为鼓浪屿岛上保留了包括传统闽南建筑、西方古典复兴建筑和殖民地外廊式建筑等不同风格的建筑，鼓浪屿也被誉为"万国建筑博览会"。它有机的城市肌理清晰地反映了其发展变化的痕迹，见证了数十年间多元文化不断融入当地文化的过程，成为中西文化交流融合的特例。鼓浪屿于 2017 年 7 月 8 日以"鼓浪屿：历史国际社区"的名义被列入世界遗产名录。

后 记

　　2022年秋，我在红旗出版社出版了一本新书《浙江一万年——2023文物日历》。之后不久，福建少年儿童出版社的编辑辗转联系上我，问我能不能以八闽大地的文物古迹为题材，也写一本类似的科普读物？

　　我觉得这个提议甚好，就一口答应下来了。之所以答应得这样爽快，有一个特殊的原因，我就是在福建读大学的，在读书时、工作后曾到过福建不少地方，对八闽之地文物古迹比较熟悉，甚至可以这样说，除了家乡浙江之外，我最熟悉的可能就是福建了。我的身份证号码前6位是350203（当年办理第一代身份证时，我刚到厦门大学读书，这个号码将伴随我一生），所以现在还常有人误以为我是福建人呢。或许正因如此，我对福建也挺有感情的，感觉福建就像我的第二故乡一样。

　　接到书稿任务之后，我在很短时间内就查阅大量史料，初拟了一个大致的编撰提纲，在获得编辑认可之后，我就着手写作前的准备了。

　　首先当然是再赴闽地实地调研。虽然说书中将写到的这些文物古迹，我大多观摩过或已去过，但为了更好地写作，我决定再做一次实地考察。2023年1月，春节前夕，我就自驾先去了闽北的武夷山，实地考察了城村闽越国遗址、建阳水吉镇建窑遗址、建瓯北苑御焙遗址等地，又去了闽中尤溪的朱熹故里、三明万寿岩遗址等地，接着又长途跋涉，去了闽西长汀，再度实地考察汀州古城墙等。这次实地考察，收获颇多，但因春节临近，不得已只能匆匆结束行程，赶回老家过年。

春节过后，我又再次出发，这次主要是去闽南和闽东。我先是到了泉州石狮，实地考察了六胜塔、姑嫂塔、林銮渡这"海丝三宝"。之后又在泉州住了三天，把列入"宋元中国的世界海洋商贸中心"世界遗产的22个遗产点又跑了个遍。事实上之前我至少去过七八次泉州，这些古迹景点早有履足，但故地重游，仍是感触颇深。离开泉州后我又一路北上，去莆田湄洲岛探访妈祖祖庙，又到了福州，跑遍鼓山、于山、乌山这福州三山，找寻遍布山间的摩崖题刻。

通过这两次的实地调研考察，我感觉对八闽大地的文物古迹似乎又有了新的认识和感悟。有了这样的认识准备，我终于开始动笔写作。

可能是因有感情因素在内的缘故，这本名为《穿越万年看福建》的书稿写得非常顺利。当然还有一个重要因素不能不提，在新书准备过程中，我得到了不少福建朋友的热情帮助。无论在闽北、闽中、闽西，还是在闽南、闽东，一路都有熟悉的朋友热情接待，让我如同回到故乡一般亲切自然。

我在厦门大学考古专业就读时的两位同窗，傅柒生同学现任福建省文化旅游厅副厅长、福建省文物局局长、福建博物院院长，王永平则是福建省文物考古研究院院长，他们本就是福建文物考古工作的领头人，更是给了我直接而大力的支持。傅柒生同学更是将他主编的精美的福建文物图册慨然相赠，供我写作参考，让我如虎添翼。

如今书稿终于完成，即将付梓之时，我要由衷地感谢福建少年儿童出版社领导的信任，邀请我担纲本书撰稿；也由衷地感谢在本书筹备、写作过程中给予大力支持的各位旧雨新知。尤其是现在石狮工作的卢俊杰、在泉州工作的丁金潮和在福州工作的赵金华三位厦门大学哲学专业85级的同学，当年在校读书时只是点头之交，但毕业多年之后反倒越来越熟，他们或提供资料，或陪同考察，助力颇勌，其情可感。

新书开笔之时，正值我所在的大学开学伊始，教学、科研及社会工作繁冗，让人身不由己，很难有大块时间专心伏案，很多时候我只能见缝插针、锱铢累积地写稿。但即便如此，写作过程中心情仍然非常愉悦。书中涉及的古迹文物，不少与我有颇深的渊源，还有一些难忘的故事。如1988年暑假我第一次去武夷山玩，为了寻访那棵据说生长在峭壁上、只能训练猴子去采摘的"大红袍"母茶树，我差点在山中迷了路；又如1987年漳浦县盘陀乡古墓被盗，墓中出土了一件后来被誉为国宝的大彬壶，那天我就在发掘现场（当时我作为厦门大学考古专业学生，正在漳浦参加暑期文物调查，故而参与了对古墓的抢救性发掘）……我在书中写到这些故事时，心情也不禁为之激荡，字里行间，似乎又让人回到了那个令人难忘的、激情燃烧的青春岁月。

古人云，读万卷书，行万里路。我写这本新书，也正是这样身体力行的一次尝试。希望这本小书的出版，能够对青少年读者有个有益的启示，是所愿焉。

周新华
癸卯春日于浙江农林大学之两不厌室

图书在版编目（CIP）数据

穿越万年看福建 / 周新华著. — 福州 : 福建少年
儿童出版社, 2024.4
　ISBN 978-7-5395-8415-7

　Ⅰ. ①穿… Ⅱ. ①周… Ⅲ. ①福建－地方史 Ⅳ.
①K295.7

　中国国家版本馆CIP数据核字（2023）第234326号

CHUANYUE WANNIAN KAN FUJIAN

穿越万年看福建

著　　者：周新华
出版发行：福建少年儿童出版社
社　　址：福州市东水路76号17层（邮编：350001）
经　　销：福建新华发行（集团）有限责任公司
印　　刷：福州万紫千红印刷有限公司
厂　　址：福州市闽侯县南屿镇高岐村安里6号
开　　本：720毫米×1000毫米　1/16
字　　数：118千字
印　　张：10.5
版　　次：2024年4月第1版
印　　次：2024年4月第1次印刷
ISBN 978-7-5395-8415-7
定　　价：29.80元

如有印、装质量问题，影响阅读，请直接与承印者联系调换。
联系电话：0591-87595588